sobre cuentos,
historias y
literatura
fantástica

sobre cuentos, historias y literatura fantástica

C. S. Lewis

GRUPO NELSON

Desde 1798

Este título también está disponible en formato electrónico.

Título en inglés: *On Stories: And Other Essays on Literature / Of This and Other Worlds*
© 1982, por C. S. Lewis Pte. Ltd.
© 2004 por Alba Editorial, traducción de: Amado Diéguez Rodríguez

Traducción: *Amado Diéguez Rodríguez*
Adaptación del diseño: *Setelee*

ISBN: 978-1-40024-006-7
eBook: 978-1-40024-007-4

Número de control de la Biblioteca del Congreso: 2022936875

Contenido

Contenido

Prefacio

«NO HAY TAZA de té lo suficientemente grande ni libro lo bastante largo para saciarme», dijo C. S. Lewis, un comentario que casi podría servir de epígrafe a esta breve recopilación. Desde luego hablaba en serio, porque en ese preciso momento yo le servía el té en una enorme taza de cerámica de Cornualles y estaba leyendo *Casa desolada*.

El tema central de esta colección es la excelencia de la fábula, de la historia, y más en particular de ese tipo de historias por las que Lewis sentía una predilección especial: los cuentos de hadas y la ciencia ficción. En los artículos y reseñas recogidos en este volumen, el autor se ocupa de ciertos aspectos de la literatura que, en su opinión, los críticos de su tiempo pasaban por alto o, siendo como es el remolino de las modas, despachaban con demasiado automatismo. Cuando en 1966 se publicaron la mayoría de los escritos agrupados en este libro (bajo el título *De otros mundos*, junto con cuatro relatos que hace poco han aparecido en el volumen reimpreso *The Dark Tower and Other Stories* [La torre oscura y otras historias]), los críticos más locuaces alentaban a los lectores a encontrar en la literatura casi todo: el aburrimiento de la vida, las injusticias sociales, la solidaridad con los pobres y oprimidos, el cinismo, la monotonía y lo desagradable; todo menos *diversión*. Cruzar esa línea equivalía a colgarse la etiqueta de «escapista». No es de extrañar que tanta gente dejase de cenar en el comedor para trasladarse a estancias domésticas menos nobles... con intención de acercarse lo más posible a la pila de la cocina.

Lewis se limitaba a escuchar desde su sitio, inmune a todo el revuelo. De ahí, quizás, que sean los comentarios dedicados a sus siete *Crónicas de Narnia* y a su trilogía de ciencia ficción las piezas de esta colección más vigentes y oportunas. No tengo la menor duda de que nuestros carceleros literarios aún nos tendrían aherrojados en la celda que ellos mismos construyeron si Lewis no hubiera abierto sus puertas, nos hubiera quitado los grilletes y nos hubiera sacado de allí. Ahora bien, parte de su eficacia como libertador reside en el hecho de que, debido a un confinamiento previo, esa misma celda le resultaba muy familiar. Hablemos de qué le arrastró hasta ella y de cómo logró evadirse.

C. S. Lewis no tendría más de cinco o seis años cuando escribió, en un cuaderno que mucho después me dejaría ver, un relato titulado «To Mars and Back» [A Marte, ida y vuelta] y una pequeña novela en la que varios ratones y conejos de porte caballeresco y pertrechados con armadura salían a cabalgar con intención de matar algunos gatos. Aunque conservó toda su vida el interés por las novelas de aventuras, particularmente por las de tipo fantástico y por las ambientadas en «otros mundos», es quizás algo más que una coincidencia que, en 1908, tras la muerte de su madre y cuando tan solo tenía nueve años, Lewis comenzase a reflejar en sus escritos, y cada vez con mayor insistencia, los intereses y el discurso «adulto» de su padre, que trabajaba como abogado de la policía judicial de Belfast.

Más tarde, en *Cautivado por la alegría*, su autobiografía, Lewis confesaría que lo que le impulsó a escribir fue su extrema torpeza manual (causada por una deformidad congénita: tenía una sola articulación en el dedo pulgar). Tal vez sea cierto, pero la evidencia del puro placer que encontraba en la escritura nos sugiere que sofocar su afición habría sido tan difícil como invertir la rotación de la Tierra.

La mayoría de los cuentos, aún no publicados, que Lewis comenzó a escribir cuando tenía unos seis años, afición que continuó cultivando hasta los quince, se desarrollaban al principio en el universo imaginario de Animalandia y de las bestias antropomórficas que lo habitaban. Al cabo de un tiempo, Warren, su hermano mayor, escogió una nación, India, y la convirtió en su país. Más tarde, a fin de que se transformase en un lugar compartido, India abandonó el mundo real y pasó a ocupar su sitio junto a Animalandia. Con el paso del tiempo, India y Animalandia se convirtieron en un único estado: Boxen. Muy pronto, los mapas de Boxen incluyeron rutas de trenes y barcos de vapor (una de las aportaciones de Warren). La capital, Murray, contaba incluso con periódico propio. De este modo, en un ático repleto de tinteros y de juguetes corrientes, surgió un mundo casi tan organizado y autosuficiente como el Barsetshire de las novelas de Anthony Trollope.

Si las primeras leyendas sobre el rey Arturo y su corte se ampliaron para incluir las aventuras de los caballeros de la Tabla Redonda, una lectura atenta revela una evolución similar en los relatos de Boxen, que abarcaban más de setecientos años y estaban profusamente ilustrados por la pluma del mismo Lewis. Más tarde, el muchacho comenzó a escribir novelas y biografías en las que los personajes principales alcanzaban prominencia. Su interés era el propio de un historiador de Boxen. La obra maestra de Lewis es lord John Big. Esta noble rana es ya Little-Master, es decir, el primer ministro, cuando nos topamos con ella en «Boxen: or Scenes from Boxonian City Life» [Boxen, o escenas de su vida urbana], escrita en 1912. Más tarde, el personaje dispuso de su propia biografía, «The Life of Lord John Big of Bigham» [La vida de don Juan Grande de Grandonia], escrita en 1913 en tres «volúmenes», es decir, cuadernos de ejercicios.

En Boxen hay muchas cosas que admirar. Lord Big es una rana con inmensa personalidad. Yo la encuentro casi tan inolvidable como el ratón Reepicheep o como Puddleglum, el gamusino de los pantanos (que eran, como Lewis me confesó, sus personajes favoritos de las *Crónicas de Narnia*). Nada nos sugiere que el autor tuviera que esforzarse mucho por encontrar «relleno» para unos argumentos que había elaborado tan minuciosamente. Y el humor, aunque más constreñido que el de las obras que escribiría años después, es sin ningún género de dudas el humor de Lewis, que, sin saberlo, se estaba ejercitando ya para ser novelista.

Sin embargo, como el mismo Lewis admitió en *Cautivado por la alegría*, Boxen no tiene ni poesía ni fantasía suficientes. En mi opinión, el lector de las *Crónicas de Narnia* se quedaría perplejo si supiera hasta qué extremos puede ser prosaico Boxen. No obstante y en justicia, hay que señalar que este rasgo es en parte intencionado, porque, como más tarde diría el mismo autor: «Cuando empecé a escribir relatos en mis cuadernos de ejercicios,

procuraba no ocuparme de las cosas de las que en realidad quería escribir hasta, por lo menos, la segunda página. Me parecía que, si una obra era interesante desde
el principio, no era una obra adulta».[1] Las crónicas de
Boxen están salpicadas sobre todo de política, algo que,
posteriormente, Lewis llegaría a detestar. Al fin y al cabo
le había tenido aherrojado demasiado tiempo. Todos los
personajes de «Scenes from Boxonian City Life» ocupan
una posición en la «camarilla», aunque ninguno de ellos
—y desde luego tampoco el autor— pareciera tener una
idea clara de lo que es una camarilla. No es de extrañar:
como Lewis quería que sus personajes fueran «adultos»,
hacía que se interesasen por lo que en su opinión eran
cosas de «adultos». Y la política, como Lewis y su hermano me confesaron, era un tema del que oían hablar
mucho a su padre y a sus coetáneos.

Cuando Boxen llegó a su fin, comenzó lo que Lewis habría de recordar como el período más feliz de su vida. Se
inició en el otoño de 1914, cuando le enviaron a la locali-
dad de Little Bookham, situada en el condado de Surrey,
donde un viejo amigo de la familia, W. T. Kirkpatrick,
tenía que ayudarle a estudiar duro para ingresar en
Oxford. Kirkpatrick, un racionalista, reforzó, a buen
seguro sin proponérselo, el ateísmo por el que Lewis ya
se había decantado anteriormente. Coincidiendo con su
traslado a Little Bookham, Lewis conoció a un vecino de
Belfast, Arthur Greeves, con el que mantuvo una estrecha amistad durante toda su vida. Con el tiempo habría
de convertirse, después de Warren, en su confidente

---

1. «Christianity and Culture», *Christian Reflections*, ed. Walter
Hooper (1987). [Esta nota, como todas los que van numeradas,
es del editor de la edición inglesa].

más íntimo, en el perfecto copartícipe de sus gustos literarios. Basta echar un vistazo al intercambio epistolar que, semana tras semana, mantenían Lewis y Greeves[2] para comprobar cómo evolucionaba la imaginación del escritor, que fue revelándose gracias al vigor de leyendas como la *Muerte de Arturo*, de Malory, *El bosque del fin del mundo*, de William Morris, y *Phantastes*, de George MacDonald, cuya obra casi se convertiría para él en el ideal de lo que debía ser una novela de aventuras y supuso, como el mismo Lewis confesó, el «bautismo» de su imaginación. En aquel tiempo, sin embargo, Lewis no acertó a vislumbrar ese «bautismo» y la santidad que encontró en *Phantastes* y en otros trabajos de MacDonald tardó algunos años en abrirse paso y en vencer su feroz resistencia al cristianismo. Lo que a Lewis más le interesaba compartir con Arthur, algo que hacía de forma apasionada, eran aquellas historias que consistían en la extraña, fantástica y hermosa expresión de grandes «mitos» —y *en absoluto* aquellas otras que se ocupaban de los «problemas eternos»—, considerando que él opinaba que es *mito* todo aquello que lleva el inmerecido nombre de «realismo».

El primer trimestre de Lewis en Oxford, su breve amistad con un miembro del Cuerpo de Instrucción de Oficiales, Paddy Moore, en virtud de la cual le prometió que cuidaría de su madre si sobrevivía a las trincheras de la Primera Guerra Mundial, su regreso a Oxford después de la guerra —en la que Paddy murió— y su «adopción» de la señora Moore, han sido descritos suficientemente

---

2. *They Stand Together: The Letters of C. S. Lewis to Arthur Greeves* (1914-1963), ed. Walter Hooper (1979).

en *They Stand Together* y en *C. S. Lewis: A Biography*.[3] Lo que aquí nos interesa, más bien, son los acontecimientos que impulsaron los cambios de rumbo que le convertirían en el autor de la clase de relatos que tanto le gustaban y que, al final, él mismo tuvo que escribir.

Ya en 1912, época en que perdió la fe en el cristianismo, Lewis se había visto inmerso en un ocasional acercamiento a las ciencias ocultas seguido de una gran repulsión por ellas. En sus años de estudiante en Oxford y mientras compartía alojamiento con su madre adoptada, conoció a las dos personas que le harían dar marcha atrás. Una de estas personas era un «párroco irlandés, viejo, sucio, charlatán y trágico», en quien «un rabioso deseo de inmortalidad personal cohabitaba [...] (en apariencia) con una total indiferencia a todo aquello que, desde el punto de vista de un hombre cuerdo, convierte la inmortalidad en algo deseable».[4] La otra, un antiguo psicoanalista practicante, era un pariente cercano a quien Lewis cuidó durante algunas semanas. Se había vuelto loco tras «flirtear con la teosofía, el yoga, el espiritualismo, el psicoanálisis y ¿con qué no?».[5] Lewis sentía simpatía por aquellos hombres, pero la perniciosa influencia que sobre ambos tuvo el espiritualismo, unida al hecho de que la *Nueva Psicología* impulsara a tanta gente a una introspección ramplona y estúpida, le hicieron decidirse a adoptar una postura contraria a cualquier cosa que tuviera que ver con el ocultismo. En su diario la repulsión es evidente. Mientras buscaba algo que le equilibrara, el 19 de enero de 1927 consignó

---

3. De Roger Lancelyn Green y Walter Hooper (1974).
4. *Cautivado por la alegría* (1955), cap. XIII.
5. Ibid.

con cuánta tranquilidad había retomado la poesía de Wordsworth: «Esa es la verdadera imaginación; nada de espíritus, ni karmas, ni gurús; no hay en ella ningún maldito psiquismo. Llevo demasiado tiempo extraviado entre ideas de segunda clase». A partir de ese momento, Lewis rehuyó toda idea de inmortalidad e incluso la suerte de fantasías que hasta entonces habían constituido uno de los grandes placeres y ocupaciones de su vida.

Hasta que cayó bajo la influencia, a todas luces benigna, de un compañero de Oxford, el profesor J. R. R. Tolkien. Tolkien no solo era cristiano, sino que, como Lewis explicó en una carta dirigida a Greeves, fue una de las personas que le introdujeron en la fe. El acontecimiento tuvo lugar el 19 de septiembre de 1931, día en que Lewis, Tolkien y otro amigo, Hugo Dyson, pasaron la velada charlando acerca del «mito» y de su relación con la revelación de Dios en Cristo. Tolkien, como Lewis, disfrutaba desde hacía mucho tiempo con los mitos antiguos, y más particularmente con los de origen nórdico. La diferencia entre ambos amigos consistía en que mientras Lewis definía los mitos como «mentiras que respiramos a través de plata» , Tolkien —que ya se encontraba trabajando en el vasto universo de ficción de la Tierra Media— creía en la *verdad* inherente de la mitología. «De igual modo que todo discurso es una elaboración inventada de los objetos y las ideas —dijo a Lewis aquella misma noche—, el mito es una elaboración de la verdad. Provenimos de Dios e, inevitablemente, los mitos que tejemos, aunque con errores, reflejan un fragmento escindido de la luz verdadera, de la luz eterna de Dios. En realidad, solo mediante la elaboración de mitos, solo convirtiéndose en "subcreador" e inventando historias, puede el hombre vislumbrar el estado de perfección que conoció antes de la Caída».[6]

Lewis experimentó una de las mayores conmociones de su vida y a partir de entonces la idea de Tolkien fue tan importante para su filosofía y sus creencias como lo era ya para las del autor de *El señor de los anillos*. De hecho, la impresión fue tan inmediata que en el relato que de la velada le hizo a Greeves el 18 de octubre de 1931 ya se sintió capaz de admitir que la historia de Cristo era «sencillamente, un mito verdadero, un mito que actúa sobre nosotros de igual modo que los demás, pero con la tremenda diferencia de que *ocurrió realmente*».

Todo lector, cristiano o no, de los libros de Lewis debe saber que la conversión del escritor *fue* el hito fundamental de su vida. No hubo rincón ni grieta de su ser que no alcanzara y transformara. Sin ella, estoy convencido, C. S. Lewis no se habría convertido en el hombre bueno y grande que fue. Que habría sido un escritor de cierta notoriedad era ya evidente, pero sin la conversión, su ambición antaño rampante no habría sido suficiente. No sé qué les sucederá a otros, pero Lewis y su ambición eran como un hombre y una bestia que vivieran juntos con alimento suficiente solo para uno de los dos. Y la bestia, por supuesto, lo quería todo para sí. Finalmente, lo Principal encontró su sitio y lo secundario permaneció donde debía.

Y en la literatura, ¿dónde había que situar lo Principal? Como era de esperar, Lewis depositó su confianza en los mundos imaginarios. Admirador desde hacía tiempo de lo que solía llamarse «ficción científica», tenía la

---

6. Humphrey Carpenter, *J. R. R. Tolkien: una biografía* (Barcelona: Minotauro, 1990), cap. IV.

impresión de que la mayoría de las historias de «otros mundos» adolecían del serio defecto de que se utilizaban para exaltar algunas de las inclinaciones más egoístas del hombre. Habría de pasar algún tiempo antes de que creara algo parecido a una «mitología» propia, pero podemos recurrir a él mismo como autoridad para afirmar que sus aventuras interplanetarias y sus crónicas de Narnia comenzaron cuando «vio imágenes» en su cabeza. Nunca, aseguró, *comenzaba* por el «mensaje» o por la «moraleja», estas cosas se abrían camino por sí solas durante el proceso de escritura.

En la época de su trascendental conversación con Tolkien, Lewis estaba trabajando en *La alegoría del amor*. Supongo que algunas de las *imágenes* mentales que más tarde le impulsarían a escribir un relato situado en Marte —*Más allá del planeta silencioso*— se inspiraban en su estudio de *De Mundi Universitate*, la extraña crónica de la Creación que en el siglo XII escribió Bernardo Silvestre.[7] En el ejemplar cuidadosamente anotado que ahora tengo en mi poder compruebo que finalizó su lectura el 4 de agosto de 1930. Que le impresionó la mención de Bernardo Silvestre a la «Oyarses» —esencia dominante del espíritu tutelar de un planeta— es evidente por la extensión de las notas escritas en el margen. En cualquier caso, y como deseaba saber más sobre las «Oyéresu» (nombre que empleaba para el plural de Oyarses) y su relación con la alegoría tal y como iba a definirla en *La alegoría del amor*, Lewis escribió, probablemente poco

7. Editado por C. S. Barach y J. Wrobel, fue publicado en Innsbruck en 1876. Al cabo de 102 años, apareció (por fin) una nueva edición de esta misma obra titulada *Cosmographia*, editada por Peter Dronke. La traducción al inglés corresponde a Winthrop Wetherbee, que la publicó en 1973 con el título *The «Cosmographia» of Bernardus Silvestris*.

después de su charla con Tolkien, a C. C. J. Webb, antiguo profesor de Filosofía de la religión cristiana. Webb estaba fascinado por los problemas de la filosofía medieval y en su respuesta del 31 de octubre de 1931 (que sigue en el ejemplar de Lewis de la obra de Bernardo Silvestre) señala que «Oyarses» es una corrupción de «Ousiarches», nombre con el que aparece en el *Asclepio* del pseudo Apuleyo (XIX). Quienes hayan leído *La alegoría del amor* sabrán que el autor hace mención de la deuda contraída con Webb en un apéndice titulado «Genio y genio». Y para aquellos que no conozcan los maravillosamente imaginados Arcángeles e Intelectos planetarios de su *Más allá del planeta silencioso*, en el capítulo XXII, bajo el disfraz de la ficción, hay referencias concretas a la Oyarses de Bernardo Silvestre y a un tal «C. J.», que, por supuesto, no es otro que C. C. J. Webb.

La conclusión de *La alegoría del amor*, en 1931, coincidió casi exactamente con el descubrimiento de *Viaje a Arcturus* (1920), de David Lindsay. La fantasmagórica y pagana narración de Lindsay decepciona a la mayoría de sus lectores y el mismo Lewis pensaba que se encontraba en la frontera de lo diabólico, pero sentía hacia ella una inmensa gratitud por todo lo que le había enseñado. El 4 de enero de 1947, en carta dirigida a la poeta Ruth Pitter, afirmó: «De Lindsay, lo primero que aprendí es para qué son realmente adecuados los otros planetas en la ficción: lo son para las aventuras *espirituales*. Solo ellos pueden satisfacer el ansia que arrastra nuestra imaginación más allá de la Tierra. O, dicho de otra manera, en él vi por vez primera los fantásticos resultados que produce la unión de dos tipos de ficción que hasta el momento se mantenían a distancia: el tipo que cultivan

Novalis, G. MacDonald y James Stephens, y el de H. G. Wells y Julio Verne. Mi deuda con él es enorme».

A mis oídos llegan las estridentes voces de aquellos para quienes Lewis se ha convertido más en «objeto de estudio» que en un soberbio narrador. Esas voces me recuerdan que rindió otros tributos al libro de Lindsay y que citó *otros* motivos para explicar por qué había escrito la primera de sus novelas interplanetarias. De acuerdo, así fue, pero en mi opinión eso no hace otra cosa que confirmar lo que escribió en «Todo comenzó con una imagen...» acerca de la inspiración que había impulsado algunas de sus obras de ficción. «No creo —dijo— que nadie sepa exactamente de qué modo se "elabora" el material. El proceso de elaboración es algo misterioso. Cuando "tienes una idea", ¿acaso puedes contarle a alguien *cómo* se te ocurrió exactamente?».

El error consiste en suponer que Lewis se encontraba bajo un imperioso juramento que le obligaba a decir «cómo se le ocurrían exactamente las ideas», después de haber confesado que le resulta imposible hablar con tanta precisión. Es evidente que, cuando trataba de concretar los diversos impulsos que intervenían en su proceso de escritura, cierto elemento le parecía especialmente vívido en una ocasión, otro se lo parecía en aquella otra, etcétera; es decir, todo arrojaba luz sobre el misterioso proceso de la «inspiración». Lo mejor es considerar esos factores como partes de un todo y no verlos como elementos contradictorios entre sí.

Por ejemplo, al responder a la pregunta de Roger Lancelyn Green sobre lo que le había empujado a escribir *Más allá del planeta silencioso*, Lewis, en carta fechada el 28 de diciembre de 1938, le dijo: «Lo que me espoleó a escribirla sin dilación fue *La última y la primera humanidad*, de Olaf Stapledon, y un ensayo de J. B. S. Haldane («The Last judgment») publicado en *Possible Worlds*. Ambos parecían tomarse muy en serio la idea de un viaje como ese y parecían escritos desde la perspectiva tan desesperadamente inmoral que intenté ridiculizar en Weston. El conjunto de la idea planetaria me gusta como *mitología* y, sencillamente, quise conquistar para mi propia manera (cristiana) de ver las cosas un elemento del que siempre se ha servido el bando contrario».

Su respuesta del 9 de agosto de 1939 a la hermana Penélope arroja aún más luz sobre el asunto: «Lo que me llevó a escribir el libro fue el descubrimiento de que uno de mis alumnos se tomaba muy en serio todo ese sueño de la colonización interplanetaria, y el darme cuenta de que, de una forma o de otra, miles de personas basan el significado del universo en la esperanza de perpetuar y mejorar la especie humana, el percatarme de que cierta esperanza "científica" de vencer a la muerte constituye un rival real para el cristianismo [...]. Creo que esta enorme ignorancia podría servir de ayuda a la evangelización de Inglaterra: con el disfraz de la ficción novelesca se pueden introducir ciertas nociones teológicas en la mente de las personas sin que estas se den cuenta».

A diferencia de lo que hacía con sus trabajos académicos, Lewis jamás escribió más de una versión de sus novelas. Esto demuestra que elaboraba mentalmente sus historias antes de aplicar la pluma al papel. En este caso parece que el ímpetu final que condujo a las primeras palabras de la página fue una especie de trato o de apuesta que hizo con Tolkien a primeros de 1937. Años más tarde, al escribir sobre ello, Tolkien recordaría: «Cierto día, Lewis me dijo: "Tollers, hay muy pocas historias con lo que a nosotros nos gusta de verdad. Me temo que vamos a tener que escribir algunas"».[8] Tolkien no llegó a completar el relato que empezó, pero Lewis cumplió su parte del trato y entre la primavera y el otoño de 1937 escribió *Más allá del planeta silencioso*. Lewis me confesó que en aquella época no preveía ninguna otra novela de ciencia ficción. Sin embargo, no pasaría mucho tiempo antes de que en su cabeza comenzaran a formarse nuevas «imágenes». De ellas surgieron *Perelandra* (1943) y *Esa horrible fortaleza* (1945), que completan su trilogía interplanetaria. Con estas novelas daba por zanjada la atracción que antaño ejercieron sobre él los «otros mundos». Algo más tarde escribiría: «Mis novelas planetarias no fueron tanto la satisfacción de aquella curiosidad feroz como su exorcismo».

Y así fue como Lewis salió de la prisión del «realismo». No por medio de alguna «osadía» consciente o de una «originalidad» intencionada, sino por escribir lo que le había sido dado escribir. En aquella época, su liberación dio lugar a un previsible revuelo en torno a un distinguido medievalista que prostituía su talento y gran erudición en el terreno altamente sospechoso de la ciencia ficción. Pero esta significativa contribución a la nueva mitología acarreaba un peso interior al que ninguno de los llamados «realistas» se atrevía siquiera a acercarse. En realidad, en el fondo del asunto estaba el deseo de un muchacho de jugar en el mundo imaginario de Boxen. Y es que de nuevo, tras largos años de ausencia, era como si Boxen estuviera volviendo a él. Ciertamente, el deseo de construir «otros mundos» le atrapaba ahora como nunca y llegaba, ineludiblemente, cargado de gloria.

---

8. Humphrey Carpenter, *The Inklings* (1978), cap. IV.

Ahora, el camino estaba expedito para Narnia, ese bienamado fruto de imperecedera caridad. De una forma muy propia de él, Lewis presentó sus disculpas por el «infantilismo» de sus crónicas. En el cuarto de los artículos recopilados en este volumen, escrito en 1952, Lewis afirma: «Cuando yo tenía diez años, leía cuentos de hadas a escondidas. Si me hubieran descubierto, habría sentido vergüenza. Ahora que tengo cincuenta los leo sin ocultarme. Cuando me hice hombre, abandoné las chiquilladas, incluido el temor a comportarme como un chiquillo y el deseo de ser muy mayor». Los escritos recogidos en este volumen son, sin duda, prueba de ello.

Es un placer consignar aquí la gratitud que debo a Owen Barfield y Barbara Reynolds por sus valiosos consejos sobre la publicación de este libro. Debo señalar que excepto el primero, el cuarto, el quinto, el sexto, el séptimo, el octavo, el noveno, el decimonoveno y el vigésimo artículos del volumen, que aparecieron en *De otros mundos*, todos los demás se publican en forma de libro por primera vez.

«Sobre la historia o fábula» se publicó inicialmente en *Essays Presented to Charles Williams* (1947). Fue leído el 14 de noviembre de 1940, en una versión ligeramente más extensa, ante una sociedad literaria estudiantil del Merton College. Llevaba por título «The Kappa Element in Romance». «Kappa» está tomado del griego *kryptón*, y significa «el elemento oculto».

«Las novelas de Charles Williams» es una disertación escrita a petición de la British Broadcasting Corporation, que Lewis leyó en su Tercer Programa el 11 de febrero de 1949. No se había publicado hasta ahora y, en realidad, permanecía descatalogada en los archivos de la BBC hasta que, más bien por casualidad, me topé con ella en 1980. Estoy en deuda con la British Broadcasting Corporation por haberme concedido permiso para publicarla en el presente volumen.

Las novelas de E. R. Eddison —*La serpiente Uróboros* (1922), *Styrbion the Strong* (1926), *Mistress of Mistresses* (1935), *A Fish Dinner in Memison* (1941) y la póstuma *Mezentian Gate* (1958)— habrían de convertirse en parte indispensable de la biblioteca de Lewis después de que en 1942 descubriera la primera de ellas. Ambos autores trabaron amistad y es posible que fuera el arrebatado entusiasmo de Lewis por las novelas de Eddison el que llevara a una editorial de Nueva York a publicarlas en rústica en 1968. Aunque desearíamos que fuese un poco más largo, el «Tributo a E. R. Eddison», escrito años antes de que apareciera impreso en la sobrecubierta de *The Mezentian Gate*, es demasiado bueno para dejarlo pasar y por este motivo lo reproducimos aquí.

C. S. Lewis leyó «Tres formas de escribir para niños» ante la Library Association, que lo publicó en sus *Proceedings, Papers and Summaries of Discussions at the Bournemouth Conference 29th April to 2nd May 1952*.

«A veces los cuentos de hadas dicen mejor lo que hay que decir» apareció por vez primera en *The New York Times Book Review* el 18 de noviembre de 1956.

«El gusto infantil» fue publicado en el *Children's Book Supplement* del *Church Times* del 28 de noviembre de 1958.

«Todo comenzó con una imagen...» ha sido recogido de la edición de *Radio Times* del 15 de julio de 1960.

«Sobre la ciencia ficción», conferencia que Lewis pronunció en el English Club de la Universidad de Cambridge el 24 de noviembre de 1955, apareció publicado en *De otros mundos*, al igual que «Réplica al profesor Haldane», artículo escrito en respuesta a «Auld Hornie, F.

R. S.», que J. B. S. Haldane publicó en el número de otoño de 1946 de *Modern Quarterly*, donde el autor critica la trilogía de ciencia ficción de Lewis. Haldane, un biólogo teórico, era al mismo tiempo un marxista desilusionado y un violento anticristiano. No he considerado necesario recuperar aquí su artículo, por cuanto Lewis expone su argumentación con claridad. Además, el mayor valor de la réplica de Lewis no está en su naturaleza polémica, sino en la valiosa luz que arroja sobre sus propias obras.

«*El hobbit*» es la reseña que Lewis escribió sobre el libro del mismo título de su amigo Tolkien, reseña que he recogido del número del 2 de octubre de 1937 de *The Times Literary Supplement*.

«*El señor de los anillos* de Tolkien» combina dos reseñas sobre la gran trilogía de J. R. R. Tolkien. La primera parte de este artículo apareció en *Time and Tide* el 14 de agosto de 1954 con el título «The Gods Return to Earth», la segunda fue publicada también en *Time and Tide*, el 22 de octubre de 1955, bajo el título de «The Dethronement of Power». Tolkien me dijo que le había leído varias genealogías y apéndices a Lewis antes de escribir su historia. Le interesaba más que nada todo lo relativo a la «Tierra Media» y fue su amigo C. S., o *Jack*, Lewis, quien le animó a escribir un relato sobre ella. «Ya conoces a Jack —me dijo—, había que darle ¡una *historia*! ¡Escribí esa historia —*El señor de los anillos*— para que me dejase tranquilo!». Se trata, como era su propósito, de un tributo generoso y revelador.

Cuando, en diciembre de 1957, murió su amiga Dorothy L. Sayers, le pidieron a Lewis que escribiera un panegírico para el servicio religioso que habría de celebrarse en su honor en la iglesia de St. Margaret de Londres el 15 de enero de 1958. Lewis no pudo asistir a la ceremonia y fue George Bell, *lord* obispo de Chichester, quien leyó su escrito. Tras la muerte de Lewis, yo fui una de las personas que se dedicó a buscar este panegírico no editado que parecía destinado a eludir la publicación. En realidad, hasta que el volumen que el lector tiene en sus manos estuvo a punto de entrar en prensa no quiso el hijo de Dorothy L. Sayers, Anthony Fleming, acudir en mi ayuda y entregarme la caótica trascripción a máquina que había recibido el obispo. Más tarde y tras una nueva investigación, conseguimos encontrar, ¡aleluya!, el escrito «auténtico». Finalmente, y esto fue lo mejor de todo, Anthony Fleming y yo nos sentamos en los salones del Athenaeum Club de Londres a leer el manuscrito original, que Lewis le había entregado tras el servicio religioso celebrado en memoria de su madre. Le estoy enormemente agradecido por resolver lo que su talentosa madre podría haber llamado «El caso del panegírico perdido», y espero que una vez *descubierto* resulte tan gozoso como fue deseado cuando se encontraba perdido.

«El don mitopoético de Rider Haggard» es el título que he puesto a la reseña que Lewis realizó de la biografía de Haggard escrita por Morton Cohen. La reseña apareció con el título «Haggard Rides Again» en la edición del 3 de septiembre de 1960 de *Time and Tide*.

«George Orwell» fue publicado en *Time and Tide* el 8 de enero de 1955.

«La muerte de las palabras» apareció originalmente en *The Spectator* el 22 de septiembre de 1944.

«El Partenón y el optativo» era el título que Lewis puso al artículo que apareció sin él en la sección «Notes on the Way» de *Time and Tide*. El artículo fue publicado el 11 de marzo de 1944.

«Críticas de época» también es un título de Lewis. Se lo puso al artículo que apareció en «Notes on the Way» el 9 de noviembre de 1946.

«Gustos distintos en literatura» es el título que yo le he dado a las «Notes on the Way» que aparecieron en sendas partes de los números de *Time and Tide* del 25 de mayo y del 1 de junio de 1946.

«Sobre la crítica», que el autor escribió en el último período de su vida, apareció por vez primera en *De otros mundos*.

«Territorios irreales» es la trascripción de la conversación informal que sobre la ciencia ficción sostuvieron Lewis, Kingsley Amis y Brian Aldiss en las estancias de Lewis en el Magdalene College, el 4 de diciembre de 1962. Brian Aldiss se encargó de grabar la charla en una cinta. Fue publicada en la primavera de 1964 con el título de «The Establishment must die and rot...» en *SF Horizons*, y en marzo de 1965, ya con el título de «Territorios irreales», en *Encounter*.

El lector debe saber que la persona a quien está dedicado este libro es *lady* Collins, de la editorial Collins de Londres. La idea de recoger en un solo volumen los escritos que aquí aparecen es suya. Cuando los albaceas del patrimonio literario de Lewis supimos que planeaba retirarse en octubre de 1981, nos pareció justo ofrecerle este trabajo. Durante muchos años, lady Collins estuvo a cargo del departamento de literatura religiosa de Collins y fue ella quien dio a conocer a C. S. Lewis, sobre todo a través de la colección Fontana, a la mayoría de los que ahora le leen. Durante nuestra larga amistad he encontrado en ella tantos motivos de admiración que cualquier esfuerzo por elogiarla se quedaría corto. El autor del

Libro de los Proverbios lo expresa mucho mejor que yo:
«alábenla [...] sus hechos».

WALTER HOOPER

OXFORD

Sobre la historia o fábula

RESULTA ASOMBROSO QUE los críticos hayan prestado tan poca atención a la historia o fábula considerada en sí misma. Dando esta por supuesta, del estilo, del orden de los elementos y, sobre todo, de la descripción de los personajes se ha hablado abundantemente. Sobre la propia historia o fábula, es decir, sobre la sucesión de los acontecimientos imaginados, se pasa casi siempre de puntillas y, cuando no, se trata de ella exclusivamente en la medida en que ofrece una oportunidad para el dibujo de los personajes. Hay, sin embargo, tres excepciones notables. En su *Poética*, Aristóteles elaboró una teoría sobre la tragedia griega que sitúa la fábula en el lugar más prominente y relega al personaje a un papel estrictamente subordinado. En la Edad Media y en el primer Renacimiento, Bocaccio y otros desarrollaron una teoría alegórica de la fábula para explicar los mitos antiguos. Y en nuestra época, Jung y sus seguidores han formulado la doctrina de los arquetipos. Aparte de estas tres tentativas, el tema apenas se ha tratado, lo cual ha tenido una curiosa consecuencia: sobre aquellas formas de literatura en que la historia o fábula existe meramente como un medio para algún otro fin —por ejemplo, la novela de costumbres, en que la fábula existe en función de los personajes o de la crítica de las condiciones sociales— se ha hecho plena justicia; en cambio, de aquellas otras formas en las que todo lo demás está en función de la fábula apenas nadie se ha ocupado en serio. No solo se las ha despreciado como si no fueran apropiadas más que para niños, sino que, en mi opinión, incluso el tipo de diversión que nos ofrecen se ha entendido mal. Es esta segunda injusticia la que estoy más impaciente por remediar. Quizá la fábula ocupe un lugar tan bajo en la escala de la diversión como dice la crítica moderna. Es algo que yo no suscribo, pero en este punto admito que se puede disentir. No obstante, intentemos dilucidar de qué clase de diversión se trata, o, más bien, qué diversiones de distinto tipo puede haber. Porque sospecho que en este tema se ha hecho alguna asunción apresurada. Creo que los libros que se leen exclusivamente «por la historia» pueden disfrutarse de dos maneras muy distintas. Es, por una parte, cuestión de libros (algunas historias pueden leerse solo desde un punto de vista y otras solo desde el opuesto) y, por otra, de lectores (la misma historia se puede leer de varias formas).

Lo que finalmente me convenció de esta distinción fue una conversación que tuve hace algunos años con un inteligente alumno estadounidense. Estábamos hablando de los libros que habían solazado nuestra infancia. Su autor favorito había sido Fenimore Cooper, a quien (qué casualidad) yo no había leído. Me describió una escena, en particular, en la que hallándose el protagonista en mitad del bosque, echado ante la hoguera de un vivac y medio dormido, un piel roja armado con un *tomahawk* se acercaba a él por detrás, reptando y sin hacer el menor ruido. Mi amigo recordaba la emoción con que había leído aquel pasaje, el agónico suspense con que se preguntaba si el héroe reaccionaría a tiempo o no. En cambio yo, recordando los grandes momentos de mis primeras lecturas, estaba seguro de que mi amigo interpretaba mal lo que le había sucedido y de que, en realidad, no reparaba en lo principal. No tengo la menor duda, me dije, de que no son ni la pura emoción, ni el suspense los que le hacen volver una y otra vez a Fenimore Cooper. Si era esto lo que buscaba, «la sangre de cualquier otro» le habría servido igual. Procuré expresar con palabras mis pensamientos. Le pregunté si estaba seguro de no conceder demasiada relevancia y aislar falsamente la importancia del peligro por el puro peligro. Porque, aunque yo no había leído a Fenimore Cooper, había disfrutado con otros libros «de pieles rojas» y sabía que lo que buscaba en ellos no era solo la «emoción». Los peligros, por supuesto, eran necesarios, ¿de qué otro modo puede progresar una historia? Pero debían ser, en consonancia con lo que inducía al lector a leer un libro como aquel, peligros de piel roja. Lo que realmente importaba de ellos era su «cualidad de piel roja». Si a una escena como la que había descrito mi amigo le quitamos las plumas, los pómulos marcados y los pantalones con flecos, y sustituimos el *tomahawk* por una pistola, ¿qué nos queda? Porque lo que me atraía de la historia no era solo el suspense momentáneo, sino el mundo completo al que pertenecía: la nieve, las raquetas de nieve, los castores, las canoas, las pipas de la paz, los tipis, los nombres hiawatha, etc. Hasta aquí mi razonamiento. Pero entonces surgió la discusión. Mi alumno, que es un hombre muy lúcido, se percató al instante de lo que yo quería decir y comprendió que la vida imaginativa de su infancia había sido muy distinta de la mía. Me respondió que estaba completamente seguro de que «todo eso» no había intervenido en modo alguno en su diversión. En realidad, «todo eso» le había importado un comino. De hecho, al oír esto me sentí igual que si estuviera charlando con alguien venido de otro planeta; lamentaba profundamente que distrajera su atención de lo principal. En todo caso, en lugar de al piel roja habría preferido un peligro más ordinario como, por ejemplo, el de un granuja armado con un revólver.

A aquellos que tengan experiencias literarias parecidas a la mía probablemente les baste el ejemplo que acabo de poner para comprender que intento establecer una distinción entre dos tipos de diversión. Pero, para que esa distinción quede doblemente clara, añadiré otro ejemplo. En cierta ocasión me llevaron a ver una versión cinematográfica de *Las minas del rey Salomón*. De sus muchos pecados —de los cuales la introducción de una joven completamente irrelevante, que vestía pantalones cortos y acompañaba a los tres aventureros allí adonde iban no era el menor—, ahora solo nos concierne uno. Como todos recordarán, al final del libro de Haggard los protagonistas esperan la muerte sepultados en una cámara excavada en la roca, donde están rodeados por los reyes momificados del país en que se encuentran. Al parecer, el autor de la versión fílmica encontró esta situación algo sosa, así que la sustituyó por una erupción volcánica subterránea, y aun fue más allá añadiéndole un terremoto. Quizá no debamos culparle a él. Quizá la escena del original no resultaba «cinematográfica» y el hombre, de acuerdo con los cánones de su arte, hizo bien en modificarla. Pero en ese caso habría sido mejor no haber escogido una historia que solo se podía adaptar a la pantalla echándola a perder. Echándola a perder al menos para mí. Sin duda, si a una historia no le pides otra cosa que emoción y si, cuando aumentas los peligros, aumentas la emoción, dos peligros distintos que acontecen en rápida sucesión (el de morir abrasados y el de ser aplastados por las rocas) son mejores que la única y prolongada amenaza de morir de hambre en una cueva. Pero esa es precisamente la cuestión. Tiene que haber en tales historias un placer distinto a la mera emoción o yo no sentiría que me están engañando cuando me ofrecen un terremoto en lugar de la escena que escribió Haggard. Lo que pierdo es la «sensación» de la muerte (muy distinta del simple «peligro» de muerte): el frío, el silencio y los muertos antiguos con cetro y corona cuyos rostros rodean a los protagonistas. El lector puede aducir, si le place, que la escena que plantea Rider Haggard es tan «cruda», «vulgar» o «efectista» como la que han escogido en la película para sustituirla, pero no estoy hablando de eso. Lo que importa es que es distinta. La primera desliza un callado hechizo en la imaginación; la segunda excita un rápido aleteo de los nervios. Al leer el capítulo de la obra de Haggard, la curiosidad o el suspense en torno a la huida de los héroes de su trampa mortal no desempeñan más que un papel menor en la experiencia del lector. La trampa la recordaré siempre, mientras que la forma en que escaparon de ella la he olvidado hace tiempo.

Tengo la impresión de que al hablar de esos libros en los que «solo importa la historia» —es decir, de esos libros que se ocupan principalmente del acontecimiento imaginado y no del personaje o de la sociedad—, casi todos dan por sentado que la «emoción» es el único placer que proporcionan o pretenden proporcionar. En este sentido, podría definirse la *emoción* como la alternancia entre la tensión y el apaciguamiento de una ansiedad imaginada. Pero es esto lo que, según mi opinión, no es verdad. En algunos de esos libros, y para algunos lectores, interviene otro factor.

Por decirlo con la mayor modestia, sé que interviene algo más, al menos para un lector: yo mismo. A fin de aportar pruebas, debo en este punto recurrir a lo autobiográfico. He aquí a un hombre que ha pasado más horas de las que puede recordar leyendo relatos de aventuras y que ha obtenido de ellos más diversión de la que acaso habría debido. Conozco la geografía de Tormance mejor que la de Tellus. He sentido más curiosidad por los viajes de las Tierras Altas a Utterbol y de Morna Moruna a Koshtra Belorn que por los que relata Hakluyt. Aunque conozco las trincheras de Arrás, no podría ofrecer sobre ellas una lección táctica tan precisa como sobre la muralla de Troya o el Escamandro o la puerta Escea. Como historiador social estoy más ducho en el Salón del Sapo y el Bosque Salvaje o en los selenitas y en las cortes de Hrothgar y Vortigern que en Londres, Oxford o Belfast.* Si amar las historias es amar la emoción, entonces no debe de haber en el mundo mayor amante de la emoción que yo. Y, sin

---

* Tormance es un planeta de ficción que aparece en *Viaje a Arcturus*, de David Lindsay (1876-1945). Las Tierras Altas y Utterbol son dos parajes de *El bosque del fin del mundo*, obra de William Morris (1834-1896); Moma Moruna y Koshtra Belorn pertenecen a la geografía inventada por Eric Rucker Eddison (1892-1945) para *La serpiente Uróboros*; mientras que Richard Hakluyt (1552-1616) es un geógrafo y editor inglés responsable de varios libros de viajes y exploraciones reales. La muralla de Troya, el Escamandro y la puerta Escea son algunos de los lugares donde se desarrolla la *Ilíada*, de Homero. El Salón del Sapo y el Bosque Salvaje son dos de los paisajes imaginarios que Kenneth Grahame (1859-1932) introduce en *El viento en los sauces*; los selenitas aparecen en *Los primeros hombres en la Luna*, de H. G. Wells; y los reyes Hrothgar y Vortigern, en *Beowulf*, la célebre composición épica medieval sajona. *[Esta nota, como todas las marcadas con asterisco, es del traductor].*

embargo, no encuentro atractivo alguno en la que, según dicen, es la novela más «emocionante» del mundo: *Los tres mosqueteros*. Su falta absoluta de ambientación me repele. El campo no aparece en todo el libro, salvo como depósito de posadas y emboscadas. Del tiempo atmosférico no se habla. Cuando la acción se traslada a Londres, no se transmite la menor sensación de que esta ciudad sea distinta a París. No hay ni un momento de respiro entre «aventura» y «*aventura*», así que uno tiene que ir siempre con el hocico cruelmente pegado al suelo. Para mí, todo eso no significa nada. Si es a eso a lo que la gente se refiere cuando habla de «novela de aventuras», entonces detesto la novela de aventuras y prefiero, con mucho, a George Eliot o a Trollope. No obstante, al decir esto no pretendo criticar *Los tres mosqueteros*. Creo en la sinceridad de quienes afirman que se trata de una historia magnífica. Estoy seguro de que mi incapacidad para apreciarla es un defecto y una desgracia. Pero esa desgracia es una prueba. Del hecho de que a un hombre sensible —tal vez hipersensible— a la novela de aventuras no le guste una novela que es, por aclamación, la novela de aventuras más «emocionante» de cuantas se han escrito se deduce que la «emoción» no es el único placer que puede extraerse de una novela de aventuras. Si a alguien le encanta el vino, pero detesta uno de los vinos más fuertes, ¿no ha de deducirse que el alcohol no puede ser la única fuente de placer en lo que al vino se refiere?

Si en esto que digo soy el único, entonces el presente artículo no tiene mayor interés que el autobiográfico. Pero estoy seguro de que no estoy completamente solo. Escribo pensando en la posibilidad de que otros puedan sentir lo mismo y con la esperanza de ayudarles a entender sus sensaciones.

Recordemos el ejemplo de *Las minas del rey Salomón*. En mi opinión, cuando el productor de la película sustituyó en el clímax un tipo de peligro por otro, echó a perder la historia. Ahora bien, si la emoción fuera lo único que cuenta, el tipo de peligro debería ser irrelevante, solo el grado de peligro importaría. Cuanto mayor el peligro y menores las posibilidades de escape del protagonista, más emocionante sería la historia. Y sin embargo, cuando nos interesa ese «algo más», esto no es así. Peligros distintos tocan cuerdas diferentes de nuestra imaginación. Incluso en la vida real hay peligros de distintas clases que dan lugar a miedos muy distintos. Puede llegar un momento en que el miedo sea tan grande que tales distinciones se desvanezcan, pero esa es otra cuestión. Existe un miedo que es hermano gemelo del estupor, como el que siente un hombre en tiempo de guerra cuando oye por primera vez el fragor de los cañones; hay otro miedo hermano gemelo de la repugnancia, como el que experimenta un hombre al encontrar una serpiente o un escorpión en su dormitorio. Hay miedos tensos y estremecidos (durante una décima de segundo apenas son discernibles de algunas emociones placenteras) como los que un hombre puede sentir sobre un caballo peligroso o en medio de un mar embravecido; y, cómo no, hay miedos densos, planos, paralizantes e inertes, como los que tenemos cuando creemos padecer cáncer o cólera. Hay también miedos que nada tienen que ver con el *peligro*, como el miedo que nos produce un insecto enorme y horrendo pero inocuo, o el miedo a los fantasmas. Todos estos miedos existen, en efecto, incluso en la vida real. En la imaginación, donde el miedo no se transforma en terror ni podemos descargarlo en la acción, la diferencia cualitativa es aún mayor.

No consigo recordar un tiempo en que el miedo no estuviera, siquiera vagamente, presente en mi conciencia. *Jack Matagigantes* no es simplemente la historia de un chico listo que supera todos los peligros. Es, en esencia, la historia de un chico que supera el *miedo a los gigantes*. Es bastante fácil pergeñar una historia en la que, aunque los enemigos sean de un tamaño normal, Jack se encuentre en una situación tan desfavorable como en el cuento, pero sería una historia muy distinta. Las características de la respuesta imaginativa vienen determinadas por el hecho de que los enemigos de Jack son gigantes. De su peso, de su monstruosidad, de su rudeza, depende toda la narración. Conviértala el lector en música y apreciará la diferencia de inmediato: si el villano de su composición es un gigante, su orquesta anunciará su entrada de una manera, si no lo es, la anunciará de otra. Yo he visto paisajes, sobre todo en las montañas de Mourne, que bajo una luz particular despiertan en mí la sensación de que un gigante podría asomar su cabeza tras las cumbres en cualquier momento. La naturaleza tiene algo que nos impele a inventar gigantes y nada más que gigantes. (Advierta el lector que Gawain se encontraba en el rincón noroeste de Inglaterra cuando *etins aneleden him*, es decir, cuando los gigantes le seguían *silbándole* desde los altos páramos. ¿Es coincidencia que Wordsworth se encontrase en los mismos lugares cuando oyó unas «respiraciones profundas que le perseguían»?). La peligrosidad de los gigantes, aunque importante, es secundaria. En algunos cuentos populares se habla de gigantes que no son peligrosos y, sin embargo, producen en nosotros el mismo efecto. Un gigante *bueno* es un personaje legítimo, pero es también un retumbante oxímoron de veinte toneladas de peso. La presión intolerable, la sensación de algo primitivo, salvaje y más terrenal que los humanos aún estarían en él.

Pero descendamos a un ejemplo de menor altura. ¿Están los piratas, más que los gigantes, exclusivamente para amenazar al protagonista? El velero que avanza hacia nosotros a toda velocidad puede ser un enemigo cualquiera: un español o un francés. Es fácil conseguir que ese enemigo cualquiera sea tan letal como un pirata. En el instante en que iza la bandera con la calavera y los huesos en cruz, ¿qué le ocurre exactamente a nuestra imaginación? Esa bandera significa, se lo aseguro, que, si nos alcanzan, habrá una lucha sin cuartel. Esta impresión, sin embargo, también podría conseguirse sin recurrir a la piratería. El efecto no consiste únicamente en aumentar el peligro, sino en la imagen completa de un enemigo que desprecia la ley, de unos hombres que han cortado todos sus lazos con la sociedad y, por así decirlo, se han transformado en una especie en sí mismos, una especie compuesta por hombres de extraños atavíos, de piel oscura, con pendientes; por hombres con un pasado que nosotros desconocemos, por los dueños de un tesoro impreciso que se encuentra oculto en una isla aún por descubrir. Para el lector infantil son, en realidad, casi tan míticos como los gigantes. A ese lector no se le cruza por la imaginación que un hombre —simplemente un hombre, como el resto de nosotros— puede ser pirata en algún momento de su vida y en otro no, o que solo una frontera muy difusa separa a un pirata de un contrabandista. Un pirata es un pirata y un gigante es un gigante.

Consideremos ahora la enorme diferencia que existe entre estar encerrado fuera y estarlo dentro o, si lo prefiere el lector, entre la agorafobia y la claustrofobia. En

Las minas del rey Salomón, los protagonistas están encerrados dentro, y lo mismo imagina que le ocurre, de un modo mucho más terrible, el narrador de *El entierro prematuro*, de Poe, un relato que corta la respiración. Recuerdo el capítulo titulado «El señor Bedford solo», de *Los primeros hombres en la Luna*, de H. G. Wells. En él, Bedford se encuentra encerrado fuera, en la superficie de la Luna, justo cuando el largo día lunar llega a su fin... y con el día, el aire y el calor. Léalo desde el terrible momento en que el primer copo de nieve sorprende a Bedford haciéndole cobrar conciencia de su situación hasta el instante en que alcanza la «esfera» y su salvación. Luego, pregúntese si lo que ha experimentado lo ha provocado solo el suspense.

«Sobre mí, a mi alrededor, cerniéndose sobre mí, estrechándose contra mí, cada vez más cerca, estaba lo Eterno [...] la Noche final e infinita del espacio». Esa es la idea que ha captado su atención y le ha mantenido en vilo. Al lector no solo le preocupa que el señor Bedford vaya a vivir o a morir congelado: esta es, en realidad, una idea accesoria. Se puede morir de frío entre la Polonia rusa y la nueva Polonia y también yendo a la Luna; el dolor es el mismo. Si el propósito es matar al señor Bedford, que la noche del espacio sea «final e infinita» es algo casi enteramente ocioso: lo que de acuerdo a las magnitudes cósmicas es un cambio infinitesimal de temperatura basta para matar a un hombre y el cero absoluto poco puede añadir a este hecho. La oscuridad exterior y sin aire es importante no por lo que le puede hacer a Bedford, sino por lo que nos hace a nosotros: preocuparnos con el viejo temor de Pascal a esos silencios eternos que han minado tantas fes religiosas y hecho añicos tantas esperanzas humanísticas; evocar con ellas y a través de ellas todos nuestros recuerdos ancestrales e infantiles de exclusión y desolación; presentar, de hecho, como algo instituido un aspecto permanente de la experiencia humana.

Y con esto, espero, llegamos a una de las diferencias que separan el arte de la vida. Es muy poco probable que un hombre que en la realidad se encontrase en la situación de Bedford llegara a sentir con tanta agudeza la soledad sideral que este experimenta. La cercanía inmediata de la muerte le impediría pensar en el objeto contemplativo: no tendría ningún interés en los muchos grados de frío creciente que pudieran quedar por debajo de ese en el que su supervivencia resultaría ya imposible. Esta es una de las funciones del arte: mostrar lo que las estrechas y desesperadamente prácticas perspectivas de la vida real excluyen.

Algunas veces me he preguntado si la «emoción» no será un elemento en realidad hostil a la imaginación más profunda. En las malas novelas de aventuras, como las que publican las revistas norteamericanas de «ficción científica», se encuentran con frecuencia ideas realmente sugestivas. Sin embargo, el autor no tiene más recursos para hacer avanzar la historia que el de enfrentar a su protagonista a todo tipo de peligros virulentos. Pero en el frenesí de su huida, la novela pierde la poesía que su idea básica pudiera tener. De un modo mucho más tenue, creo que esto es lo que le ha ocurrido al propio Wells en *La guerra de los mundos*. Lo que de verdad importa en esa historia es la idea de verse atacado por algo profundamente «ajeno». Como en *Piers Plowman*,* la destrucción nos llega «de los planetas». Si los invasores marcianos no son más que unos seres peligrosos —y si de ellos nos

---

* Famoso poema de William Langland (1331-1400).

preocupa sobre todo el hecho de que puedan *matarnos*—, lo cierto es que un ladrón o un bacilo pueden ser tan peligrosos como ellos. El verdadero nervio de la historia se nos revela cuando el protagonista se acerca a ver por vez primera el proyectil recién caído en Horsell Common. «El metal blanco amarillento que brillaba en la fisura que había entre la tapa y el cilindro era de un tono que no me resultaba familiar. *Extraterrestre* carecía de significado para la mayoría de los presentes». *Extraterrestre* es la palabra clave del relato. Sin embargo, y pese a que están elaborados de un modo excelente, en los horrores posteriores perdemos la sensación que evoca la palabra. De igual modo, en *Sard Harker*, del poeta laureado John Masefield, es el viaje a través de las Sierras lo que realmente importa. Que el hombre que oyó aquel ruido en el cañón —«No podía pensar qué era. No era ni triste, ni alegre, ni terrible. Era grandioso y extraño. Era como si la roca hablase»— corriera más tarde peligro de ser asesinado es casi una impertinencia.

Es aquí donde Homero demuestra su suprema excelencia. El desembarco en la isla de Circe, la visión del humo que asciende de entre los bosques ignotos, el dios que nos saluda («el mensajero, el asesino de Argos»), ¡qué anticlímax si todo esto fuera tan solo el preludio de algún peligro ordinario! Pero el peligro que acecha, el silencioso, indoloro e insoportable cambio a la brutalidad, es digno del decorado. Walter de la Mare también ha superado esta dificultad. La amenaza lanzada en el párrafo inicial de sus mejores relatos rara vez se cumple en forma de acontecimiento identificable, pero ni mucho menos se disipa. En cierto sentido, nuestros temores nunca se materializan y, sin embargo, abandonamos la historia con la sensación de que no solo esos temores, sino muchas más cosas, estaban justificados. Pero quizás el logro más notable en este aspecto sea el de *Viaje a Arcturus*, de David Lindsay. El lector experimentado, consciente de las amenazas y promesas del capítulo inicial, y disfrutándolas sin duda con gratitud, está seguro de que no se pueden cumplir. En los relatos de este tipo el primer capítulo es casi siempre el mejor, se dice para apaciguar su decepción. El Tormance al que lleguemos, reflexiona, será menos interesante que el Tormance que se ve desde la Tierra. Y, sin embargo, nunca se habrá equivocado tanto. Sin ayuda de ninguna habilidad especial, sin un gusto profundo por el lenguaje siquiera, el autor nos arrastra a una escalada de acontecimientos impredecibles.

En cada capítulo tenemos la impresión de haber llegado al que parece su estadio definitivo y en cada capítulo esa impresión es errónea. Lindsay construye mundos llenos de imaginería y pasión: cada uno de ellos le habría servido a otro escritor para escribir un libro entero, aunque solo para luego hacerlos trizas y burlarse de ellos. Los peligros físicos, que son numerosos, carecen de importancia; somos nosotros y el autor quienes nos adentramos en un mundo de peligros espirituales que hace que parezcan triviales. No hay receta para escribir de este modo, pero parte del secreto consiste en que el autor (como Kafka) consiga reflejar una dialéctica real. Su Tormance es una región del espíritu y Lindsay es el primer escritor en descubrir que hay «otros planetas» realmente válidos para la ficción. Ni la mera extrañeza física ni la simple distancia espacial pueden materializar esa idea de otredad que siempre buscamos en cualquier relato de viajes espaciales: la necesidad de entrar en otra dimensión. Para construir «otros mundos» verosímiles y conmovedores debemos recurrir al único «otro mundo» que conocemos: el del espíritu.

Adviértase el corolario. Si algún fatídico progreso de las ciencias aplicadas nos permite alcanzar la Luna alguna vez, el viaje real no satisfará en absoluto el deseo que ahora buscamos complacer con la escritura de relatos de viajes espaciales. Aunque pudiéramos alcanzarla y sobrevivir, la Luna real sería, en un sentido profundo y mortal, igual que cualquier otro lugar. En ella encontraríamos frío, hambre, dificultades y peligros; pero al cabo de las primeras horas serían, *simplemente*, el frío, el hambre, las dificultades y los peligros que podemos encontrar en la Tierra. Y la muerte no sería más que la muerte entre esos pálidos cráteres como es simplemente la muerte en un sanatorio de Sheffield. Ningún hombre encontraría una extrañeza perdurable en la Luna, solo la clase de hombre que también es capaz de encontrarla en el jardín de su casa. «El que quiera traer a casa la riqueza de las Indias ha de llevarla consigo».

Las buenas historias introducen a menudo lo maravilloso o lo sobrenatural; cuando se habla de la historia o fábula, nada ha sido tan mal entendido como este aspecto. Si no recuerdo mal, y por poner un ejemplo, el doctor Johnson pensaba que a los niños les gustan las historias maravillosas porque son demasiado ignorantes para saber que son imposibles. Pero es que a los niños no siempre les gusta este tipo de historias, ni son siempre niños aquellos a quienes sí les gustan. Además, para disfrutar leyendo cuentos de hadas —y mucho más de gigantes o de dragones— no es necesario creer en ellas. Que se crea o no es, en el mejor de los casos, irrelevante y puede, a veces, ser una desventaja. Los elementos maravillosos de una buena historia nunca son ficciones arbitrarias que se acumulan para dar mayor dramatismo a la narración. La otra noche le comenté a un hombre que se había sentado a mi lado durante la cena que estaba leyendo a los hermanos Grimm en alemán y que, aunque mis conocimientos de ese idioma son muy básicos, no me molestaba en buscar en el diccionario las palabras que desconocía. «A veces, es muy divertido —añadí— adivinar qué le dio la anciana al príncipe, eso mismo que luego él perdió en el bosque». «Y especialmente difícil en un cuento de hadas —replicó el hombre—, donde todo es arbitrario y, por tanto, ese objeto podría ser cualquier cosa». El error es mayúsculo. La lógica de un cuento de hadas es tan estricta como la de una novela realista, aunque de otro tipo.

¿Hay quien opine que Kenneth Grahame hizo una elección arbitraria cuando dio a su personaje principal la forma de un sapo, o que con un venado, una paloma o un león habría conseguido el mismo efecto? La elección se basa en el hecho de que la cara de los sapos de verdad guarda un grotesco parecido con cierto tipo de rostros humanos, con esos rostros apopléjicos adornados por una sonrisa fatua. Esto es, sin duda, un accidente en el sentido de que los rasgos que sugieren el parecido se deben, en realidad, a razones biológicas muy distintas. La ridícula y casi humana expresión del sapo es inalterable: el sapo no puede dejar de sonreír porque su «sonrisa» no es en realidad una sonrisa. Por tanto, al mirar al batracio vemos, aislado y fijo, un aspecto de la vanidad humana en su forma más divertida y perdonable. A partir de esa insinuación, Grahame crea al señor Sapo —una «broma» ultrajohnsoniana— y nosotros nos traemos las riquezas de las Indias; es decir, a partir del señor Sapo contemplamos con más humor, y más ternura, cierto tipo de vanidad muy presente en la vida real.

Pero ¿por qué hay que disfrazar a los personajes de animales? El disfraz es muy leve, tan leve que Grahame hace que el señor Sapo «se limpie *el pelo* de hojas secas con un cepillo», pero es indispensable. Si nos propusiéramos reescribir el libro humanizando a todos los personajes tendríamos que enfrentarnos al siguiente dilema: ¿deben ser niños o adultos?, y acabaríamos por darnos cuenta de que no pueden ser ni una cosa ni otra. Son como niños porque no tienen responsabilidades ni preocupaciones domésticas y no han de luchar por la existencia. Las comidas aparecen de pronto, ni siquiera hace falta pedir que las hagan. En la cocina del señor Tejón, «los platos del aparador sonreían a las cazuelas de la estantería». ¿Quién limpiaba unos y otras? ¿Dónde habían sido comprados? ¿Cómo llegaron hasta el Bosque Salvaje? El Topo lleva una confortable existencia en su hogar subterráneo, pero ¿de qué vive? Si es un *rentista*, ¿dónde está el banco, cuáles son sus inversiones? Tiene en el patio unas mesas «con unas manchas en forma de anillo dejadas seguramente por las jarras de cerveza». De acuerdo, pero ¿dónde conseguía la cerveza? En este sentido, la vida de todos los personajes es la de unos niños que dan todo por hecho y a quienes todo se proporciona. Pero, en otro sentido, su vida es la vida de los adultos: van a donde quieren, hacen lo que les place y disponen de su tiempo a voluntad.

En este aspecto, *El viento en los sauces* es un ejemplo del escapismo más escandaloso porque describe la felicidad en términos incompatibles —esa libertad que solo podemos tener en la infancia y en la vejez— y disfraza sus contradicciones fingiendo que los personajes no son seres humanos. El primer absurdo contribuye a ocultar el segundo. Podría pensarse que un libro así incapacita para afrontar la dureza de la realidad y nos devuelve a la vida cotidiana incómodos y descontentos, pero yo no opino de ese modo. La felicidad que nos presenta *El viento en los sauces* está en realidad llena de las cosas más sencillas y asequibles: comida, sueño, ejercicio, amistad, el contacto con la naturaleza e incluso, en cierto sentido, la religión. La «sencilla pero sustanciosa comida» a base de «panceta, judías y pastel de almendras» que Rata ofrece a sus amigos ha contribuido, no lo dudo, a la ingestión de muchas comidas infantiles reales. De igual forma, lo que no deja de resultar paradójico, la historia en su conjunto refuerza nuestro gusto por la vida. Es una excursión a lo absurdo que nos devuelve a lo real con renovado placer.

Es normal hablar con un tono alegre pero de disculpa sobre la diversión que como adultos experimentamos al leer «libros para niños». En mi opinión, la convención es estúpida. No hay libro que merezca la pena leer a los diez años que no sea digno de ser leído (y con frecuencia mucho más) a los cincuenta —excepto, claro está, los libros informativos—. Las únicas obras de ficción de las que deberíamos librarnos cuando crecemos son aquellas que probablemente hubiera sido mejor no haber leído jamás. Es probable que a un paladar maduro no le guste mucho la *crème de menthe*, pero continuará apreciando el pan con miel y mantequilla.

Otro tipo de historias, muy numeroso, es el que trata de las profecías cumplidas: la historia de *Edipo*, o *El hombre que pudo reinar*, o *El hobbit*. En la mayoría de estas historias, y para evitar el cumplimiento de la profecía, se siguen ciertos pasos que en realidad sirven para que esta se materialice. Alguien predice que Edipo matará a su padre y se casará con su madre. A fin de evitar que esto ocurra, es abandonado en las montañas, pero esta acción, que conduce a su rescate y por tanto a que viva entre extraños e ignore su verdadero parentesco, da pie a los dos desastres predichos. Las historias de este tipo producen (al menos en mí) una sensación de asombro, de sobrecogimiento, unida a una suerte de desconcierto semejante al que con frecuencia sentimos al observar una compleja trama de líneas que se entrecruzan. En esas líneas uno ve, pero no acaba de ver, ciertas pautas regulares. ¿Y no hay en ello motivos para sentir asombro y también desconcierto? Hemos presentado a nuestra imaginación algo que siempre ha dejado perplejo al intelecto: hemos *visto* de qué forma pueden combinarse el destino y el libre albedrío, incluso de qué forma el libre albedrío es el *modus operandi* del destino. La fábula consigue lo que ningún teorema puede conseguir. Desde un punto de vista superficial, es posible que no sea «como la vida real», pero coloca ante nosotros una imagen de lo que la realidad podría muy bien ser en cierta región más esencial.

El lector se habrá percatado de que a lo largo de este artículo he ido tomando ejemplos de forma indiscriminada de algunos libros que los críticos, con toda razón, situarían dentro de categorías muy distintas: obras de ficción científica norteamericanas y Homero, Sófocles y los *Märchen*, los cuentos infantiles y el muy sofisticado arte de Walter de la Mare, etcétera. Esto no significa que todos me parezcan de un mérito literario semejante. Pero si estoy en lo cierto al pensar que la fábula nos reporta otro tipo de diversión además de la emoción, entonces la novela de aventuras popular, incluso la de peor calidad, adquiere mayor importancia de la que se le suponía. Cuando el lector ve a una persona inmadura o poco instruida devorando lo que a él no le parece más que una historia efectista, ¿puede el lector estar seguro de qué tipo de disfrute está gozando esa persona? Por descontado, de nada sirve preguntárselo a la persona en cuestión. Si fuera capaz de analizar su propia experiencia tal y como la pregunta exige, no sería ni inmadura ni poco instruida. Pero que no pueda articular su pensamiento no nos da derecho a emitir ningún juicio en su contra. Es posible que solo esté buscando una tensión recurrente o una ansiedad imaginada, pero también es posible, según creo, que esté adquiriendo algunas experiencias profundas que no podría adquirir de otra forma.

No hace mucho tiempo, Roger Lancelyn Green comentó en *English* que la lectura de Rider Haggard ha sido una especie de experiencia religiosa para muchos. A algunas personas esta afirmación les habrá parecido sencillamente grotesca. Yo estaría en manifiesto desacuerdo si por «religiosa» Green quisiera decir «cristiana». E incluso si tomásemos la palabra en un sentido subcristiano, habría sido más seguro decir que esas personas habían encontrado por vez primera en las novelas de Haggard ciertos elementos que podrían volver a encontrar en la experiencia religiosa si alguna vez llegaban a tener una experiencia de este tipo. Sin embargo, opino que Green está mucho más en lo cierto que quienes dan por sentado que nadie ha leído jamás un relato de aventuras sin la intención de buscar la emoción de las huidas por los pelos. Si Green hubiera dicho, sencillamente, que lo que las personas cultas encuentran en la poesía puede llegar a las masas por medio de las historias de aventuras y casi de ninguna otra manera, yo pensaría que tenía toda la razón. Si esto es así, nada puede ser más desastroso que la idea de que el cine puede y debe sustituir a la literatura popular. Los elementos que el cine excluye son precisamente aquellos que ofrecen a la mente poco entrenada su único acceso al mundo de la imaginación. Hay muerte en la cámara.

Como he admitido, es muy difícil discernir en cada caso concreto si una historia penetra hasta la imaginación más profunda del lector poco instruido o se limita a excitar sus emociones. Es imposible discernirlo incluso aunque leamos esa misma historia. Su mala calidad no prueba nada. Como se trata de un lector poco entrenado, cuanta más imaginación tenga, más pondrá de sí mismo. Ante una mera insinuación del autor, inundará con sus sugerencias un material muy malo y nunca sabrá que el autor principal de aquello de que disfruta es él mismo. El estudio más aproximado que podemos hacer es preguntarle si *relee* a menudo la misma historia.

Esta es, por supuesto, una buena prueba para cualquier lector de cualquier tipo de libro. Podríamos definir un hombre inculto como aquel que lee los libros solo una vez. Hay esperanzas para alguien que no ha leído a Malory o a Boswell o *Tristram Shandy* o los sonetos de Shakespeare, pero ¿qué se puede hacer con una persona que dice que los *ha leído* queriendo decir que los ha leído una sola vez y que piensa que con eso zanja la cuestión? Sin embargo, creo que esta prueba tiene especial valor para el tema del que nos ocupamos. Porque la emoción, en el sentido en que la hemos definido más atrás, es precisamente lo que debe desaparecer a partir de la segunda lectura. Solo en la primera lectura se puede mantener auténtica curiosidad por los acontecimientos de la historia. Que un lector de literatura popular, por poco instruido que sea, por malas que sean las novelas que frecuenta, vuelva a sus libros favoritos una y otra vez es la prueba fehaciente de que para él constituyen una especie de poesía.

El relector no busca sorpresas auténticas (la sorpresa solo puede darse una vez), sino cierta «sorpresividad». Es algo que suele entenderse mal. El hombre de Peacock pensaba que había descartado la «sorpresa» como elemento de la arquitectura de jardines cuando preguntó qué ocurre cuando se pasea por el jardín por segunda vez. ¡Sabihondo! En el único sentido que importa, la sorpresa actúa igual de bien la vigésima vez que la primera. Es la *cualidad*, no el *hecho* de lo inesperado, lo que nos deleita. Y es aún mejor la segunda vez. Sabiendo que la «sorpresa» se acerca, podemos saborear plenamente el hecho de que ese sendero que atraviesa los arbustos no *parece* llevarnos al borde del acantilado. No disfrutamos plenamente de la historia en la primera lectura. Hasta que la curiosidad, el ansia pura de narración, se ha saciado y echado a dormir, no somos libres de saborear sus verdaderas delicias. Hasta ese momento, leer es como malgastar un gran vino para calmar una sed irresistible. Los niños lo comprenden muy bien cuando nos piden que les contemos el mismo cuento una y otra vez y con las mismas palabras. Desean experimentar la «sorpresa» de descubrir que lo que parecía la abuela de Caperucita es en realidad el lobo. Es mejor cuando sabes que llega. Libres de la perplejidad de la verdadera sorpresa, podemos apreciar mejor la sorpresividad intrínseca de la *peripeteia*.

Quisiera creer que con estos comentarios contribuyo, siquiera en pequeña medida (porque la crítica no tiene por qué llegar siempre después de la práctica), al fomento de una mejor escuela de la fábula en prosa en Inglaterra: de esa fábula que puede transmitir la vida de la imaginación a las masas sin resultar despreciable para las elites. Sin embargo, tal vez esto no sea posible. Hay que admitir que el arte de la fábula, tal como yo lo entiendo, es muy difícil. Ya he insinuado cuál es su mayor dificultad cuando me he quejado de que en *La guerra de los mundos* la idea realmente importante se pierde o se enturbia a medida que progresa la historia. Ahora debo añadir que existe el peligro perpetuo de que esto les ocurra a todas las historias. Para que sean historias, deben consistir en una serie de acontecimientos, pero hay que comprender que esa serie de acontecimientos —que llamamos «trama»— es solo una red con la que pretendemos atrapar otra cosa. Es posible que el verdadero tema no sea secuencial, y suele no serlo. Tal vez no sea un proceso y se parezca más a un estado o a una cualidad. El gigantismo, la otredad y la desolación del espacio son algunos de los ejemplos que se han cruzado en nuestro camino. Los títulos de algunas historias ilustran muy bien este extremo. *El bosque del fin del mundo*... ¿Puede un hombre escribir un relato fiel a ese título? ¿Puede encontrar una serie de acontecimientos que se sucedan en el tiempo, que realmente nos atrapen, se fijen y nos hagan entender todo cuanto vislumbramos, con solo escuchar esas seis palabras? ¿Puede alguien escribir una historia sobre la Atlántida, o es mejor dejar que la palabra actúe por sí sola? Debo confesar que algunas veces la red consigue atrapar al pájaro. En *El bosque del fin del mundo*, William Morris está muy cerca de ello, tan cerca como para que su obra merezca varias lecturas. Aun así, y pese a todo, sus mejores momentos tienen lugar en la primera mitad.

Pero hay veces en que el autor sí logra lo que se propone. En sus obras, el difunto E. R. Eddison lo consigue plenamente. Sus mundos inventados pueden gustarte o no (por mi parte, me gusta el de *La serpiente Uróboros* y me disgusta profundamente el de *Mistress of Mistresses*), pero el tema y la articulación de la historia no entran en conflicto en sus obras. Cada episodio, cada diálogo contribuyen a dar cuerpo a lo que el autor imagina. No es posible saltarse ninguno, hay que recorrer toda la historia para construir esa extraña mezcla de lujo renacentista y dureza norteña. En gran parte, el secreto reside en el estilo y, especialmente, en el estilo de los diálogos. Sus orgullosos, imprudentes y apasionados personajes se crean a sí mismos y crean la atmósfera completa de su mundo principalmente a través del diálogo. Walter de la Mare también consigue lo que se propone, en parte gracias al estilo y en parte porque nunca pone sus cartas sobre la mesa. David Lindsay, en cambio, tiene éxito con un estilo que a veces (y para ser franco) resulta abominable. Tiene éxito porque su tema real es, como el argumento, secuencial, y es temporal, o cuasitemporal: un apasionado viaje espiritual. Charles Williams contó con la misma ventaja, pero no cito aquí sus relatos porque apenas pueden considerarse fábulas en el sentido que aquí nos ocupa. Pese a un uso muy libre de lo sobrenatural, están mucho más cerca de la novela; exhiben un trazo detallado de los personajes y en ellos intervienen las creencias religiosas e incluso la sátira social. *El hobbit* escapa al peligro de degenerar en mero argumento y emoción por medio de un curioso cambio de tono. Cuando ceden el humor y el carácter doméstico de los primeros capítulos, es decir, la *hobbitidad* en toda su pureza, pasamos sin solución de continuidad al mundo de la épica. Es como si la batalla del Salón del Sapo se hubiera transformado en un *heimsökn* serio y el Tejón hubiera empezado a hablar como Njal.* Es decir,

---

* Lewis compara *El viento en los sauces* con *La historia de Burnt Njal*, epopeya islandesa del siglo XIII.

perdemos un tema, pero encontramos otro. Matamos, pero no al mismo zorro.

Podríamos preguntarnos por qué habría que alentar a nadie a escribir de una forma en que, al parecer, los medios entran con tanta frecuencia en conflicto con los fines. Con esto no quiero sugerir que cualquiera capaz de escribir buena poesía tenga que abandonarla y escribir relatos. Lo que estoy sugiriendo es cuál ha de ser el objetivo de aquellos que, en cualquier caso, están dispuestos a escribir historias de aventuras. Y no creo que carezca de importancia el hecho de que las buenas obras de este género, incluso las que distan de ser perfectas, puedan llegar allí donde la poesía nunca llegará.

¿Me tomará alguien por caprichoso si, a modo de conclusión, insinúo que, después de todo, la tensión interna entre el tema y el argumento, que existe en el corazón de toda historia, constituye su mayor semejanza con la vida? Si la fábula fracasa, ¿no comete la vida el mismo error? En la vida real, como en el relato de ficción, debe ocurrir algo, y ese es precisamente el problema. Nos vemos atrapados en cierto estado, pero solo encontramos una sucesión de acontecimientos en la que ese estado nunca consigue encarnarse plenamente. La sublime idea de encontrar la Atlántida que nos espolea en el primer capítulo de la aventura tiene muchas posibilidades de echarse a perder en la simple emoción una vez el viaje ha comenzado. De igual modo, en la vida real, la idea de aventura se disipa cuando comienzan a surgir los detalles del día a día. Pero la idea de aventura no se pierde simplemente por el hecho de que las dificultades y los peligros la dejen a un lado. Otras grandes ideas —el regreso a casa, la reunión con la persona amada— eluden también nuestro abrazo. Supongamos que no hay decepción, incluso en ese caso… ya está, ya hemos llegado. Pero ahora debe ocurrir algo, y a continuación algo más. Es posible que todo lo que ocurra sea delicioso, pero ¿puede esa serie de acontecimientos encarnar el puro estado de ser eso que deseábamos ser? El argumento del autor no es más que una red, normalmente imperfecta, una red de tiempo y hechos para captar lo que en realidad no es un proceso, pero ¿es la vida mucho más? Pensándolo bien, al fin y al cabo no estoy seguro de que la lenta desaparición de la magia en *El bosque del fin del mundo* sea un defecto. Es una metáfora de la verdad. Podemos esperar que el arte haga lo que la vida real no puede, y eso es lo que ha hecho exactamente. El pájaro se nos ha escapado, pero al menos estuvo en la red durante unos capítulos. Lo contemplamos de cerca y disfrutamos de su plumaje. ¿Cuántas «vidas reales» tienen redes capaces de tanto?

Tanto en la vida como en el arte, me parece, tratamos siempre de atrapar en nuestra red de momentos sucesivos algo no sucesivo. Que en la vida real haya un doctor que nos enseñe a hacerlo de modo que al menos los hilos de la red sean lo bastante recios para no perder al pájaro, o que cambiemos tanto que podamos desprendernos de nuestras redes y seguir al ave hasta su propio país son cuestiones que escapan a este artículo, pero, en mi opinión, hay veces en que las historias lo consiguen… o están muy muy cerca de conseguirlo. En todo caso, creo que el esfuerzo bien merece la pena.

Las novelas de Charles Williams

UNO DE LOS comentarios críticos más tontos que se recuerdan es el de Leigh Hunt cuando se lamentó de que a *Lays of Ancient Rome* le faltaba el auténtico aroma poético de *The Faerie Queene*.* En su descargo hay que decir que no solo lo dejó por escrito en una carta, sino que esa carta era de súplica e iba dirigida al propio Macaulay. Como este admitió ante Macvey Napier, el gesto fue sin duda muy varonil.[1] Pero como crítica es deplorable. A veces me pregunto si ciertas críticas de las obras de Charles Williams no yerran tanto como esta.

Contra las obras de Williams se esgrime la queja de que mezclan lo que algunos llaman lo realista con lo fantástico. Yo prefiero volver a una terminología crítica más antigua y decir que mezclan lo Probable y lo Maravilloso. En ellas encontramos, por un lado, gente muy normal y moderna que habla la jerga de nuestra época y vive en las residencias de las afueras y, por otro lado, lo sobrenatural, con fantasmas, magos y bestias arquetípicas. Lo

---

* *Lays of Ancient Rome*, de Thomas Macaulay (1800-1859), fue publicada en 1842. *The Faerie Queene* es un extenso poema alegórico de Edmund Spenser (h. 1552-1599), publicado entre 1591 y 1596.
1. Carta del 16 de noviembre de 1842 a Macvey Napier, en *Letters of Thomas Babington Macaulay*, ed. Thomas Pinney (1977).

primero que hay que entender es que no se trata de una mezcla de dos géneros literarios, aunque esto es lo que algunos lectores sospechan y lamentan. Estos lectores admiten que por una parte existe una ficción «como debe ser», es decir, la novela clásica tal y como la conocemos desde Fielding a Galsworthy, y por otra, la fantasía pura, que crea un mundo propio, aislado de la realidad por una especie de cercado, como sucede en obras como *El viento en los sauces*, *Vathek* o *La princesa de Babilonia*. Esas personas protestan porque Williams les pide que salten de uno a otro tipo de ficción en la misma novela, pero, en realidad, lo que hace este autor es escribir un tercer tipo de obra que no pertenece a ninguno de los tipos anteriores y posee valores distintos de los suyos. Williams escribe esos libros que comenzamos diciendo: «Supongamos que nuestro mundo cotidiano fuera, en determinado momento, invadido por lo maravilloso. Supongamos que se produce una violación de fronteras».

La fórmula no es ninguna novedad. Ya en nuestra infancia, la mayoría de los que ahora tenemos cincuenta años aprendimos que entre un cuento de hadas de los hermanos Grimm y otro de E. Nesbit existe una clara diferencia. El primero nos transportaba a un mundo nuevo, con leyes propias y con sus propios y característicos habitantes, pero el quid del segundo estaba en suponer que Tottenham Court Road, o una triste casa de huéspedes, podían verse invadidas de repente por un fénix o un amuleto. La historia de fantasmas corriente, y desde este punto de vista también clásica, hace lo mismo: el carácter mundano y realista de la ambientación y de los personajes es parte esencial del efecto. En este sentido, pero de una forma mucho más sutil, Walter de la Mare derrama sus inacabables recelos sobre el mundo que todos conocemos, *El extraño caso del Dr. Jekyll y Mr. Hyde* introduce su extraño horror en un ambiente estudiadamente prosaico; F. Anstey construye redes realistas para sus maravillas cómicas. Incluso *Alicia* y *Gulliver* deben mucho a la llaneza y personalidad decididamente poco imaginativa de sus protagonistas. Si Alicia fuera una princesa y Gulliver un viajero romántico o incluso un filósofo, el efecto quedaría destruido. Ahora bien, si este género literario es aceptable, es seguramente ocioso lamentar que mezcle dos niveles literarios: el realista y el fantástico. Por el contrario, mantiene de principio a fin su propio nivel, ese en el que suponemos que se ha producido una violación de fronteras en nuestro mundo cotidiano.

Ahora bien, algunas personas dudan de que este género sea permisible. Pero cabe preguntarse, ¿qué valor tienen esas conjeturas? Por mi parte, prefiero responder a esta pregunta de inmediato: no son alegorías. Y me apresuro a añadir que es casi imposible elaborar una historia de este tipo, y casi de cualquier tipo, que el lector no pueda transformar en alegoría si así lo desea. Siempre y cuando lo decidamos, en el arte todo puede ser alegorizado y en la naturaleza también la mayoría de las cosas, como demuestra la historia del pensamiento medieval. Pero yo no creo que las obras de que aquí nos ocupamos se hayan escrito desde este punto de vista ni que sea así como haya que leerlas. Su punto de partida es una conjetura. «Supongamos que encuentro un país habitado por enanos; supongamos que dos hombres intercambian sus cuerpos». Nada menos que eso se nos exige, y también nada más. Ahora bien, ¿con qué intención?

Algunos, por supuesto, ni siquiera nos planteamos esa pregunta. La conjetura nos parece un derecho inalienable y un hábito inveterado del pensamiento humano.

Conjeturamos a todas horas, así que no vemos motivos para no hacerlo, más enérgicamente y con mayor coherencia, en una composición literaria. Por otro lado y para aquellos que piensan que esto necesita justificación, creo que podremos encontrársela.

Toda conjetura es un experimento ideal, un experimento hecho con ideas porque no se puede hacer con otra cosa. Y la función de un experimento es enseñarnos más acerca del objeto de nuestra experimentación. Cuando conjeturamos que nuestro mundo cotidiano se ve invadido por otro mundo, estamos sometiendo nuestra concepción de ese otro mundo, o de ambos mundos, a una prueba nueva. Los combinamos para comprobar cómo reaccionan. Si el experimento sale bien, llegaremos a pensar y a sentir y a imaginar con mayor exactitud, riqueza y atención el mundo invadido o el mundo invasor, o quizás ambos. Y aquí llegamos, naturalmente, a la gran división que distingue a los autores que pertenecen a este género. Algunos solo experimentan con el universo cotidiano, otros también con el que lo invade. Depende, por una parte, de su elección literaria y por otra, de su filosofía. Hay gente, cómo no, que no cree que exista ningún invasor potencial. Para estas personas el único propósito de conjeturar una invasión es arrojar luz sobre nuestra experiencia normal y cotidiana. Otros, que sí creen en un posible invasor, pueden esperar (aunque no siempre es necesario que lo hagan) que la conjetura también nos permita comprender algo más de ese nuevo universo desconocido. De ambos puntos de vista surgen dos tipos de relatos de invasión. *Vice Versa** es un ejemplo perfecto del primero. La única función de

---

*   *Vice Versa* es una novela fantástica del inglés F. Anstey (1856-1934), publicada en 1882.

la Piedra Garuda es la de poner a los señores Bultitude y Grimstone y al resto de los personajes en una situación de otro modo imposible, a fin de que podamos observar sus acciones. Lo mismo ocurre en *El extraño caso del Dr. Jekyll y Mr. Hyde*. El procedimiento de separación de las dos mitades es un oropel de polvos y pócimas con el que Stevenson apenas despierta nuestro interés; lo importante es el resultado. Cómicos o marcadamente éticos, muchos autores suelen adoptar este método. Walter de la Mare es el polo opuesto. Su logro consiste en despertar «pensamientos más allá del alcance de nuestra alma», hacernos ver la precariedad de nuestro mundo, en el que impera el sentido común, y compartir con nosotros su propia e inquietante conciencia de todo aquello que, según él, oculta. «Supongamos —dice— que esta ocultación, que nunca ha sido muy eficaz, se viene completamente abajo durante unas pocas horas».

Pues bien, Williams está en el mismo extremo de la escala que Walter de la Mare, aunque con esto no quiero decir que se parezcan en ningún otro aspecto. En los matices de su imaginación no pueden ser más distintos: el mundo de Walter de la Mare es un mundo de claroscuros, silencio y distancias, un crepúsculo «bañado de plata», mientras que el de Williams es un universo de colores brillantes, perfiles marcados y estruendosas resonancias. En Williams es inútil buscar delicadeza o la inmensa importancia de lo que no se dice, algo que nos deleita en De la Mare; y la misma decepción nos llevaríamos si buscásemos en De la Mare la energía aquilina, la pompa, la alegría, las cualidades orgiásticas de Williams. Sin embargo, hay algo en lo que sí son semejantes: ambos conjeturan una violación de fronteras y ambos están interesados en los dos lados de la línea divisoria.

Sin duda, la primera y más sencilla aproximación a las obras de Williams consiste en advertir y disfrutar de las luces que arrojan sobre este lado de la frontera, sobre nuestra experiencia normal. A mi parecer, su relato *The Place of the Lion* (1931) desvela muchas cosas que no me atrevería a pasar por alto sobre el mundo en el que me muevo principalmente, es decir, el mundo académico. La heroína, Damaris Tighe, es un ejemplo extremo de investigador displicente. Estudia filosofía medieval y nunca se le ha ocurrido plantearse si los objetos del pensamiento medieval son reales o no. Como Williams nos dice, consideraba a Abelardo y a san Bernardo como la materia más importante de una escuela de la cual ella no era tanto directora como inspectora. Y a continuación se plantea la conjetura. ¿Y si, después de todo, esos objetos fueran reales? ¿Cómo empezaron a manifestarse? ¿Y si Damaris, ese ratón de biblioteca, se viera obligada a experimentar lo que con tanta retórica catalogaba? Incluso quienes al final del libro no tenemos la impresión de haber aprendido nada nuevo de las formas platónicas podemos muy bien pensar que sabemos más de nosotros mismos como investigadores; que hemos visto, como desde fuera, la fatua presunción que sin duda dominará todas nuestras ideas sobre el pasado si no tomamos alguna medida para corregirla.

En *La noche de Todos los Santos* (1945), los extraños sufrimientos que Betty padece nos desvelan a una mujer de una inocencia desvalida y absolutamente incorruptible, a un personaje muy posible, pero ahora rara vez imaginado. Por decirlo de otra manera, tengo la impresión de que, cuando leo su historia, la palabra «víctima», tras tantos años de desgaste en el habla cotidiana, recobra en mí su antigua, sagrada y expiatoria dignidad, y mi visión del universo cotidiano se agudiza en consecuencia.

En realidad, este es solo un ejemplo del curioso efecto que a menudo tienen las propuestas de Williams, que hacen posible la creación de personajes buenos. En la narrativa de ficción, los personajes buenos son el mismo diablo, y no solo porque la mayoría de los autores cuenten con muy poco material para elaborarlos, sino porque nosotros, los lectores, tenemos un fuerte deseo subconsciente de que nos resulten creíbles. Advierta el lector con cuánta sabiduría sortea Scott nuestra guardia al construir a Jeanie Deans* inferior a nosotros en todo excepto en sus virtudes. Esto nos da una disculpa: nos han pillado desprevenidos. Pues bien, Williams también nos pilla desprevenidos. Vemos a sus personajes buenos en extrañas circunstancias y no pensamos en decir que son buenos. Solo tras cierta reflexión descubrimos lo que, pillados por sorpresa, ya hemos aceptado.

Volveré a esta cuestión dentro de un momento; entretanto, debo recordarles la declaración o la confesión, llámenla como quieran, de que esta iluminación del mundo ordinario constituye tan solo una de las dos mitades de las ficciones de Williams. La otra mitad es lo que nos cuenta acerca de un mundo distinto. Supongo que para el materialista más estricto, para ese que no tiene la menor duda de que no hay otros mundos, la idea es una simple curiosidad o material para un psicoanálisis. Pero, francamente, no es a estos lectores a quienes Williams se dirige. Claro que, naturalmente, tampoco se dirige solo a sus correligionarios. En realidad es raro que nos plantee conceptos exclusivamente cristianos de manera explícita.

---

* Heroína de *El corazón de Mid-Lothian* (1818), de Walter Scott.

Pero, entonces, ¿qué nos plantea? Como poco, las conjeturas de un hombre sobre lo incognoscible. Ahora bien, todos aquellos que de inicio no descartan la posibilidad de que exista lo incognoscible tal vez admitan que un hombre puede conjeturar mejor que otro. Pero, cuando pensamos que las conjeturas de un hombre son muy acertadas, lo que estamos haciendo es empezar a dudar de que solo sean conjeturas.

Yo vacilaría a la hora de afirmar que Williams es un místico. Si por místico entendemos a alguien que sigue el camino de la negación por medio del rechazo de las imágenes, sin duda es, consciente y deliberadamente, todo lo contrario. La elección entre dos caminos y la legitimidad, la dignidad y el peligro que ambos entrañan es uno de sus temas favoritos. Pero estoy convencido de que tanto el contenido como la calidad de su experiencia difieren de los míos y lo hacen de formas que me obligan a afirmar que él ve más allá, que él sabe cosas que yo no sé. Su literatura, por así decirlo, me lleva a donde yo no había ido ni en mi propio velero ni en mi barco de vapor; y, sin embargo, el extraño lugar al que arribo está tan vinculado a los reinos que conozco que no puedo creer que sea un territorio exclusivo de los sueños.

Es algo imposible de ilustrar con citas breves, pero puedo señalar algunos pasajes en los que he sentido una fuerza especial. Uno de esos pasajes pertenece al último capítulo de *La noche de Todos los Santos*. En él, Lester, que en sentido físico lleva varios días muerto, alza la vista y descubre (no puedo explicarlo sin contar la historia completa) que está a punto de experimentar una separación aún más definitiva. Y, acto seguido, leemos las siguientes palabras: «Todo, todo llegaba a su fin. Eso, después de tantos preludios, era sin duda la muerte. Era el puro y más exquisito gozo de la muerte [...]. Sobre ella, el cielo se hacía a cada instante más alto y vacío, la lluvia caía desde un lugar situado más allá de las nubes».

Otro de estos pasajes pertenece al cuarto capítulo de *Descent into Hell* (1937). En él, la anciana Margaret, que se encuentra en su lecho de muerte, siente que es al mismo tiempo una montaña y un viajero que escala esa montaña: y «Ahora sabía que solo la parte más pequeña y frágil de su ser se aferraba a algún lugar de la gran cumbre que eran ella y otros y el mundo entero bajo su escindido ser, y es que ella misma formaba parte de todas las demás cumbres». Por supuesto, el lector podría preguntarme cómo iba a saberlo Williams, y yo no quiero sugerir que lo sabe en un sentido concreto, que me está dando detalles reales sobre el mundo que hay más allá de la muerte o inmediatamente después de la muerte. De lo que estoy seguro es de que está describiendo algo que conoce y que yo no habría sabido a no ser que él lo hubiera descrito; algo que es muy importante.

Mucho me temo que lo que líneas más arriba afirmé acerca de la bondad de sus personajes deje a alguien la impresión de que Charles Williams es un moralista. Los lectores desconfían de los libros morales, y no es del todo erróneo. La moralidad ha estropeado la literatura demasiado a menudo: todos recordamos lo que les ocurrió a algunas novelas decimonónicas. La verdad es que es muy malo llegar a esa etapa en que pensamos profunda y frecuentemente en el deber, a no ser que estemos preparados para ir un paso más allá. La Ley, como san Pablo explicó por vez primera y con toda claridad, solo te lleva hasta las puertas de la escuela. La moralidad existe para ser trascendida. Actuamos llevados por el deber con la esperanza de que algún día lo hagamos libre y gozosamente. Una de

las cualidades liberadoras de las obras de Williams consiste en que casi nunca nos sitúa en un mero nivel moral.

Hay un pequeño hecho muy significativo: la inesperada importancia que concede a la idea de cortesía. Lo
que para otros es un gesto servicial o desinteresado, a
Williams le parecen buenas maneras. Esto, considerado
en sí mismo, podría ser una mera treta verbal; yo lo men-
ciono únicamente porque me parece un claro exponente
de toda su actitud. Porque la cortesía puede ser frívola
o ceremoniosa —o ambas cosas— donde el desinterés
es torpe y solemne. Y esa sublimación de actitudes meramente éticas está presente en toda su escritura. Su
mundo puede ser fiero y peligroso, pero la sensación de
grandeza y exuberancia, e incluso de festejo, la *honestade*
y la *cavalleria*, nunca se pierde. Es un poco como la *hilari-
tas* de Spinoza si Spinoza hubiera evolucionado desde su
método geométrico hasta conseguir que su filosofía bai-
lara. Incluso el defecto principal de los primeros libros
de Charles Williams, esto es, su peligrosa proximidad a
la ligereza en los diálogos, era el intento de un aprendiz
por expresar su propia sensación de aventura gozosa en
la vida espiritual. Sin duda, a algunos lectores píos les
parecerá que Williams está embarazosamente a gusto
en Sión: si es así, ¿olvidan acaso que David danzó ante el
Arca de la Alianza?

Tributo a E. R. Eddison

Es MUY RARO que un hombre de mediana edad encuentre a un autor que le dé la impresión de haberle abierto una nueva puerta, algo que tan frecuente le resultaba en su adolescencia y juventud. Cuando uno pensaba que tales días ya formaban parte del pasado, las novelas heroicas de Eddison se lo desmienten. Eddison nos ofrece un nuevo género literario, una nueva retórica, un nuevo clima para la imaginación. Su efecto no es evanescente porque es producto de la vida y la fuerza enteras de una personalidad sólida e inmensa. Todavía menos evanescente es su sencilla expresividad, que apela tan solo a aquellos cuya subjetividad es parecida a la del autor. Los admiradores de Eddison difieren en edad y sexo y entre ellos hay algunos (como yo) para quienes su mundo resulta extraño e incluso siniestro. En una palabra, sus libros son, ante todo, obras de *arte*. Y son irreemplazables. En ningún otro lugar podremos encontrar una combinación tan precisa de lujo y dureza, de especulación ilimitada y minucioso detalle, de cinismo y magnanimidad. De ningún autor puede decirse que nos recuerde a Eddison.

Tres formas de escribir para niños

EN MI OPINIÓN, quienes escriben literatura infantil tienen tres maneras de enfocar su trabajo; dos son buenas y, por lo general, la tercera es mala.

He tenido noticia de la mala hace bien poco y gracias a dos testigos involuntarios. El primero de estos testigos es una dama que me envió el manuscrito de un relato escrito por ella en el que un hada ponía a disposición de un niño un artilugio maravilloso. Digo «artilugio» porque no se trataba de un anillo ni de un sombrero ni de un manto mágicos, ni de ningún objeto tan tradicional. El artilugio en cuestión era una máquina, una cosa con llaves y palancas y botones. Si el niño accionaba uno de aquellos mecanismos, la máquina le daba un helado; si accionaba otro, un cachorro, etcétera. Tuve que decirle a la autora que, sinceramente, aquella especie de cosa no me interesaba mucho, a lo que ella me replicó: «Ni a mí tampoco; me aburre soberanamente, pero es eso lo que les gusta a los niños modernos». El segundo testimonio es el siguiente. En el primer relato que escribí, describía con cierta extensión lo que a mí me parecía el muy elegante té que un hospitalario fauno ofrecía a la pequeña heroína de mi cuento. Un hombre con hijos me comentó: «Ah, ya comprendo lo que usted pretendía. Cuando se desea complacer a los lectores adultos, se les da sexo, de modo que usted se ha dicho: "A los niños no les gusta el sexo, ¿qué puedo darles en su lugar? ¡Ya sé! A esos pequeños granujas les encanta la buena comida"». En realidad, sin embargo, es a mí a quien me encanta comer y beber, así que escribí lo que me habría gustado leer cuando era niño y lo que todavía me gusta leer ahora que paso de los cincuenta.

La dama de mi primer ejemplo y el caballero casado del segundo concebían la literatura para niños como una sección aparte cuyo lema podría ser «Hay que darle al público lo que quiere». Por supuesto, los niños son un público muy especial y hay que averiguar lo que les gusta y dárselo, por poco que a ti te agrade.

Hay otra manera de escribir literatura infantil. A primera vista, puede parecer muy semejante a la anterior, pero creo que esa semejanza es solo superficial. Es la manera de escribir de Lewis Carroll, Kenneth Grahame y Tolkien. La historia impresa nace a partir de la que se cuenta a un niño en particular, de viva voz y quizás *ex tempore*. Se parece a la manera a que acabo de referirme porque esta también procura darle al niño lo que desea. Pero, en esta, el autor se dirige a una persona en concreto, a ese niño que, por descontado, es distinto a todos los demás niños. No podemos concebir a los «niños» como una especie extraña cuyos hábitos «reconstruimos» como antropólogos o viajantes de comercio. Sospecho que, cara a cara, tampoco sería posible obsequiar a un niño con algo especialmente calculado para complacerle pero que el autor considerara con indiferencia y desdén. El niño, estoy seguro, le calaría enseguida. El autor cambia ligeramente el tono porque se está dirigiendo a un niño y el niño cambia a su vez porque es un adulto quien se dirige a él. De este modo se crea una comunidad, una personalidad compuesta, y de ella surge la historia o fábula.

La tercera manera de escribir para niños, la única que yo soy capaz de cultivar, consiste en escribir un relato infantil porque un relato infantil es la forma artística que mejor se adecua a lo que tienes que decir, de igual modo que un compositor escribe una marcha fúnebre no porque haya ningún funeral público a la vista, sino porque se le han ocurrido ciertas ideas musicales que encajan mejor en ese tipo de composición. Este método puede aplicarse a otros tipos de literatura infantil y no solo a los cuentos. Me han dicho que Arthur Mee* nunca habló con ningún niño y que jamás tuvo deseos de hacerlo. Desde su punto de vista, que a los chicos les gustase leer lo que a él le gustaba escribir no era más que cuestión de suerte. Es posible que esta anécdota no sea cierta, pero ilustra lo que quiero decir.

Dentro del género «relato infantil», el subgénero que, según ha resultado, más se adecua a mí es el fantástico o, en su sentido más amplio, el cuento de hadas. Existen, por supuesto, otros subgéneros. La trilogía de E. Nesbit sobre la familia Bastable** es un buen ejemplo de uno de ellos. Es un «relato infantil» en la medida en que los niños pueden leerlo y lo leen, pero es también el único modo que E. Nesbit encontró para ofrecernos una visión amplia del humor y talante de la infancia. Es cierto que los niños de

---

* Arthur Mee (1875-1941), prolífico autor de libros infantiles, entre ellos las dos ediciones de *Children's Enciclopedia* (1908-1910 y 1922-1925), y fundador del semanario *Children's Newspaper*, que se publicó de 1919 hasta 1965.
** La trilogía se compone de las novelas *The Story of the Treasure Seekers* (1899), *The Wouldbegoods* (1901) y *New Treasure Seekers* (1904).

la familia Bastable aparecen en una de sus novelas para adultos —tratados, con éxito, desde el punto de vista de los mayores—, pero esa aparición dura solo un momento. En mi opinión, no creo que hubiera podido prolongarse. Es muy posible que cuando escribimos sobre niños desde el punto de vista de sus mayores caigamos en el sentimentalismo. De este modo, la realidad de la infancia, tal y como todos la experimentamos, se desvanece. Y es que todos recordamos que nuestra infancia, según la vivimos, fue inmensurablemente distinta a como la vieron nuestros mayores. De ahí que cuando le pedí su opinión sobre un nuevo colegio experimental, *sir* Michael Sadler me respondiera: «Nunca doy mi opinión sobre ninguno de esos experimentos hasta que los niños han crecido y pueden contarnos *lo que realmente ocurrió*». La trilogía de los Bastable, por improbables que puedan ser muchos de sus episodios, proporciona incluso a los adultos, al menos en cierto sentido, una lectura más realista del mundo infantil de la que podemos encontrar en la mayoría de los libros dirigidos a mayores. Al mismo tiempo, por el contrario, permite que los niños que la leen lleven a cabo una actividad que, en realidad, es mucho más madura de lo que piensan. Y es que se trata de un autorretrato inconscientemente satírico de Oswald Bastable, un estudio del personaje que todo niño inteligente puede apreciar plenamente —mientras que ningún niño se sentaría a leer un estudio de personajes escrito de cualquier otra forma—. Existe otro subgénero de la literatura infantil que también transmite este interés psicológico, pero me reservo el comentario para más adelante.

Creo que tras esta escueta mirada a la trilogía de los Bastable, podemos sacar en claro un principio literario: cuando el relato infantil es, sencillamente, la forma más adecuada para lo que el autor quiere decir, los lectores que desean oír eso que el autor quiere decir leerán o releerán esa historia independientemente de la edad que tengan. No leí *El viento en los sauces* ni los libros de los Bastable hasta tener cerca de treinta años, pero dudo que por eso los haya disfrutado menos. Estoy pensando en establecer el siguiente canon: un relato infantil que solo gusta a los niños es un mal relato infantil. Los buenos perduran. Un vals que solo nos gusta cuando valsamos es un mal vals.

Este canon me parece más evidentemente cierto cuando lo aplicamos al tipo particular de relato infantil que yo más aprecio: el relato fantástico, o cuento de hadas. La crítica moderna utiliza «adulto» como término aprobatorio, pero se muestra hostil con eso que llama «nostalgia» y desdeñosa con eso que califica de «peterpantismo». De ahí que una persona que aprecie a enanos y gigantes y afirme que, a sus cincuenta y tres años, las bestias y las brujas aún le gustan tiene muchas menos probabilidades de recibir elogios por su perenne juventud que de ser objeto de mofa y compasión por atrofia en su desarrollo. Si dedico unas líneas a defenderme de estos cargos no es tanto porque me importe gran cosa que se mofen de mí o me compadezcan, sino porque mi defensa guarda relación con mi punto de vista sobre el cuento de hadas y la literatura en general. Mi defensa, en efecto, consiste en las tres alegaciones siguientes:

1. Respondo con un *tu quoque*. Los críticos que emplean «adulto» como término laudatorio en lugar de hacerlo en un sentido meramente descriptivo no pueden ser adultos. Estar preocupado por ser adulto, admirar lo adulto solo porque lo es y sonrojarse ante la sospecha de ser infantil son señas de identidad de la infancia y de la adolescencia. Con moderación, en la infancia y en la adolescencia

constituyen síntomas saludables, porque el que es joven quiere crecer. Pero trasladar a la edad adulta, incluso a los primeros años de esta, esa preocupación por ser adulto es, por el contrario, un signo de atrofia en el desarrollo. Cuando yo tenía diez años, leía cuentos de hadas a escondidas. Si me hubieran descubierto, habría sentido vergüenza. Ahora que tengo cincuenta los leo sin ocultarme. Cuando me hice hombre, abandoné las chiquilladas, incluidas las del temor a comportarme como un chiquillo y el deseo de ser muy mayor.

2. En mi opinión, el punto de vista moderno implica una falsa concepción de lo adulto. Los modernos nos acusan de atrofia en el desarrollo porque no hemos perdido los gustos de la infancia. Pero ¿y si la atrofia en el desarrollo consistiera no en negarse a perder lo que teníamos, sino en no poder añadirle nada nuevo? Me gusta el codillo, pero estoy seguro de que en mi infancia no me habría gustado nada. Sin embargo, sigue gustándome la limonada. Yo llamo a esto crecer o desarrollarse porque ahora soy más rico de lo que era: si antes solo disfrutaba de una cosa, ahora lo hago de dos. Si tuviera que perder el gusto por la limonada para que me gustase el codillo, yo no llamaría a eso crecimiento, sino simple cambio. Ahora me gustan Tolstói y Jane Austen y Trollope, pero también los cuentos de hadas, y a eso yo lo llamo crecer. Si tuviera que dejar de leer cuentos de hadas para leer a los novelistas, no diría que he crecido, sino tan solo que he cambiado. Un árbol crece porque añade anillos a su tronco, un tren no lo hace cuando deja atrás una estación y se dirige resoplando a la siguiente. Pero, en realidad, la cuestión es más profunda y compleja. Creo que mi crecimiento se manifiesta tanto cuando leo a los novelistas como cuando leo cuentos de hadas, que ahora disfruto mejor que en la

infancia: como soy capaz de poner más en ellos, también, cómo no, saco de ellos más. Pero no quiero recalcar aquí ese extremo. Aunque solo se tratara de añadir el gusto por la literatura adulta al gusto inalterado por la literatura infantil, a esta adición también podría llamársele «crecimiento», cosa que no podríamos llamar al proceso de dejar un paquete para tomar otro. Es, por supuesto, cierto que el proceso de crecimiento supone, por casualidad y por desgracia, algunas otras pérdidas, pero no es esto lo esencial en él ni, ciertamente, lo que lo hace admirable y deseable. Si fuera así, si dejar paquetes y abandonar estaciones constituyeran la esencia y virtud del crecimiento, ¿por qué íbamos a detenernos en lo adulto? ¿Por qué no habría de ser «senil» un término igualmente aprobatorio? ¿Por qué no íbamos a alegrarnos de perder el cabello y los dientes? Al parecer, algunos críticos confunden el crecimiento con los costes del crecimiento y desean que esos costes sean mucho más altos de lo que, en virtud de su naturaleza, tienen que ser.

3. La asociación entre cuentos de hadas y fantasía e infancia es local y accidental. Espero que todos hayan leído el ensayo de Tolkien sobre los cuentos de hadas, que tal vez sea la contribución al tema más importante que se haya hecho hasta la fecha. Si es así, sabrán que en la mayoría de las épocas y lugares el cuento de hadas no se ha elaborado especialmente para niños, ni han sido estos quienes lo han disfrutado en exclusiva. Gravitó hacia el parvulario cuando pasó de moda en los círculos literarios, igual que los muebles pasados de moda eran trasladados a la habitación de los niños en las casas victorianas. En realidad, y al igual que a otros muchos no les agradan los sofás de crin, a muchos niños no les agradan este tipo de libros; también hay muchos adultos a quienes

sí les gustan, por el mismo motivo que a otros tantos les encantan las mecedoras. Por lo demás es probable que a aquellos, mayores o pequeños, a quienes les gustan les agraden por la misma razón. Claro que ninguno de nosotros puede decir con certeza qué razón es esa. Las dos teorías en las que pienso más a menudo son la de Tolkien y la de Jung.

Según Tolkien,[1] el atractivo de los cuentos de hadas reside en el hecho de que el hombre ejercita en ellos con gran plenitud su función de «subcreador»; no, como ahora les encanta decir, haciendo «un comentario sobre la vida», sino creando, en la medida de lo posible, un mundo subordinado del suyo propio. Puesto que esta, en opinión de Tolkien, es una de las funciones más características del hombre, siempre que se cumpla bien, el disfrute surge de manera natural. Para Jung, los cuentos de hadas liberan Arquetipos que habitan en el subconsciente colectivo, así que cuando leemos un buen cuento de hadas estamos obedeciendo al viejo precepto «Conócete a ti mismo». Me atrevería a añadir a estas mi propia teoría, no, desde luego, del Género en su conjunto, sino de uno de sus rasgos. Me refiero a la presencia de seres distintos a los humanos que, sin embargo, se comportan, en diferentes grados, humanamente: los gigantes, los enanos y las bestias parlantes. Creo que todos ellos son, cuando menos (y es que pueden tener otras fuentes de poder y

---

1. «On Fairy Stories», *Essays Presented to Charles Williams* (1947). Desde 1947 ha sido reimpreso en *Tree and Leaf, Including the Poem «Mythopoeia»*, de Tolkien, con una introducción de Christopher Tolkien (1988). [En español, con el título de «Sobre los cuentos de hadas», se halla recogido en *Los monstruos y los críticos, y otros ensayos*, traducción de Eduardo Segura, Barcelona, Minotauro, 1998].

belleza), un admirable jeroglífico que tiene que ver con la psicología y con los tipos, y que transmite ambos elementos con mayor brevedad que las novelas y a lectores que aún no pueden asimilar su presentación novelesca. Consideremos al señor Tejón de *El viento en los sauces*, esa extraordinaria amalgama de altivez, hosquedad, mal humor, timidez y bondad. El niño que ha conocido al señor Tejón adquiere, en lo más profundo, unos conocimientos de la humanidad y de la historia social de Inglaterra que no podría conseguir de ninguna otra forma.

Por supuesto, al igual que no toda la literatura para niños es fantástica, no toda la literatura fantástica tiene por qué ser para niños. Todavía es posible, incluso en una época tan ferozmente antirromántica como la nuestra, escribir relatos fantásticos para adultos, aunque para publicarlos normalmente sea preciso haberse labrado un nombre en otro género literario más de moda. Puede haber un autor a quien en determinado momento le parezca que no solo la literatura fantástica, sino la literatura fantástica infantil, es la forma más precisa y adecuada para expresar lo que desea. La distinción es sutil. Las fantasías para niños de ese autor y sus fantasías para adultos tendrán mucho más en común entre sí que ambas con la novela corriente o con lo que algunos llaman «la novela de la vida infantil». De hecho, es probable que algunos lectores lean sus novelas «juveniles» y también sus relatos fantásticos para adultos. Porque no necesito recordar a personas como ustedes que la división nítida de los libros por grupos de edad, a la que los editores son tan afectos, no guarda más que una relación muy laxa con los hábitos de los lectores reales. A quienes nos amonestan de adultos por leer libros infantiles ya nos amonestaban de niños por leer libros demasiado maduros. Ningún lector que se precie progresa por pura obediencia a un calendario. La distinción, como he dicho, es sutil. Yo no estoy seguro de qué me hizo sentir, en un año concreto de mi vida, que lo que debía escribir —o proclamar— no era solo un cuento de hadas, sino un cuento de hadas para niños. En parte, pienso, este género te permite, o te impele, a dejar de lado ciertos elementos que yo quería dejar de lado. Te impele, en efecto, a depositar toda la fuerza de la obra en las acciones y los diálogos. Pone a prueba lo que un amable pero exigente crítico llamó en mí «el demonio de la exposición». Y, además, impone necesariamente ciertas restricciones de extensión que resultan muy fructíferas.

Si he permitido que la literatura infantil de tipo fantástico domine esta charla es porque es la que más conozco y más me gusta, no porque esté en mi ánimo condenar otros subgéneros. Muy al contrario y con mucha frecuencia, los mecenas de esos otros subgéneros sí desean condenar la literatura infantil fantástica. Más o menos una vez cada cien años, algún sabelotodo alza la voz y se esfuerza por desterrar el cuento de hadas del territorio de la literatura para niños, de modo que es mejor que diga algunas palabras en su defensa.

Al cuento de hadas se le acusa de imbuir en los niños una impresión falsa del mundo que les rodea; sin embargo, yo creo que, de todos los libros que un niño lee, no hay ninguno que le dé una impresión menos falsa. Creo que es más probable que le engañen esas otras historias que pretenden pasar por literatura realista para niños. Yo nunca esperé que el mundo fuera como un cuento de hadas, pero creo que sí esperé que el colegio fuera como un cuento de colegios. Todas las historias en las que los niños experimentan aventuras y éxitos, posibles en el sentido de que no quiebran las leyes de la naturaleza, pero de una improbabilidad casi absoluta, corren más peligro de despertar falsas expectativas que los cuentos de hadas.

Respuesta casi idéntica puede darse a la frecuente acusación de escapismo que se cierne sobre este tipo de literatura, aunque en este caso la cuestión no es tan sencilla. ¿Enseñan los cuentos de hadas a los niños a refugiarse en un mundo de ensoñación —«fantasía», en el sentido técnico en que la psicología emplea la palabra— en lugar de a enfrentarse a los problemas del mundo real? Es en este punto donde el problema se vuelve más sutil. Comparemos de nuevo el cuento de hadas con el cuento escolar o con cualquier otro tipo de relato que lleve la etiqueta «cuento para niños» o «cuento para niñas» en oposición a «cuento infantil». Tanto el cuento de hadas como el cuento de ambiente escolar excitan deseos y, al menos desde un punto de vista imaginario, los satisfacen. Deseamos atravesar el espejo, llegar al país de las hadas. También deseamos ser ese chico o chica inmensamente popular y reconocido, o ese niño o niña que tiene la suerte de descubrir ese complot de espías o montar ese caballo que ningún *cowboy* ha podido domar. Pero se trata de deseos muy distintos. El segundo, especialmente cuando se centra en algo tan cercano como la vida escolar, es voraz y terriblemente serio. Su cumplimiento en el nivel imaginario es en verdad compensatorio: nos precipitamos hacia él por las decepciones y humillaciones del mundo real —claro que luego él nos devuelve a la realidad profundamente descontentos—, y es que no es otra cosa que una adulación de nuestro ego. El otro deseo, el de alcanzar el país de las hadas, es muy distinto. Un niño no desea conocer el país de las hadas como otro puede desear convertirse en el héroe de los once elegidos de su equipo de críquet. ¿Supone alguien que ese niño desea, en verdad y con los pies en la tierra, experimentar todos los peligros e incomodidades de un cuento de hadas? ¿De verdad desea que haya dragones en la Inglaterra de nuestros días? Desde luego que no. Es mucho más exacto decir que el país de las hadas despierta en él el deseo de algo indeterminado. Le excita y le preocupa (enriqueciéndole de por vida) con la vaga sensación de que algo está más allá de su alcance y, lejos de aburrirle o vaciar su mundo real, le permite conocer una dimensión nueva y más profunda. No desdeña los bosques reales porque haya leído cuentos de bosques encantados: esa lectura, por el contrario, hace que los bosques reales le parezcan un poco encantados. Este deseo, ciertamente, es de un tipo especial. El niño que lee la clase de cuento escolar que tengo en mente desea el éxito y se siente desgraciado (en cuanto concluye el libro) porque no puede conseguirlo. El niño que lee el cuento de hadas desea y es feliz por el solo hecho de desear. Pues su mente no se ha visto dirigida hacia él mismo, como sucede con frecuencia con los relatos más realistas.

No pretendo decir que los relatos para chicos y para chicas ambientados en el mundo escolar no deberían escribirse. Lo único que digo es que tienen muchas más posibilidades de convertirse en «fantasías», entendido el término en su sentido clínico, que los cuentos fantásticos, una distinción que también puede aplicarse a las lecturas de los adultos. La fantasía peligrosa siempre es superficialmente realista. La verdadera víctima de la ensoñación del deseo ni se inmuta con la *Odisea*, *La tempestad* o *La serpiente Uróboros*; prefiere las historias de millonarios, bellezas despampanantes, hoteles de lujo, playas con palmeras y escenas de cama, cosas que podrían ocurrir en la realidad, que tendrían que ocurrir, que habrían ocurrido si al lector le hubieran dado una oportunidad.

Porque, como yo digo, hay dos clases de deseo: el primero es una *askesis*, un ejercicio del espíritu; el segundo es una patología.

Un ataque mucho más serio al cuento de hadas como literatura infantil proviene de aquellos que no desean que se atemorice a los niños. He padecido demasiados terrores nocturnos en mi infancia para infravalorar esta objeción y no pretendo avivar los fuegos de ese infierno íntimo en ningún niño. Por otra parte, ninguno de mis miedos se debía a los cuentos de hadas. Los insectos gigantes eran mi especialidad, seguidos de los fantasmas. Supongo que eran los cuentos los que directa o indirectamente me inspiraban los sueños de fantasmas, pero, desde luego, no los cuentos de hadas. En cambio, no creo que los insectos se debieran a los cuentos. Tampoco creo que mis padres pudieran haber hecho o dejado de hacer nada que me salvara de las pinzas, mandíbulas y ojos de aquellas abominaciones de múltiples patas. Y en esto, como tantos han señalado, reside la dificultad. No sabemos qué asustará o no asustará a un niño de este modo tan particular. Digo «de este modo tan particular» porque es preciso establecer una distinción. Quienes dicen que a los niños no se les puede asustar pueden querer decir dos cosas. Pueden querer decir que (1) no debemos hacer nada que pueda inspirar en un niño esos miedos obsesivos, paralizantes y patológicos, es decir, esas *fobias*, frente a las cuales es inútil la valentía corriente. Su mente debe, si es posible, verse libre de esas cosas en las que no puede soportar pensar. Pero también pueden querer decir que (2) debemos intentar que no piense en que ha venido a un mundo donde hay muerte, violencia, dificultades, aventuras, heroísmo y cobardía, el bien y el mal. Si quieren decir lo primero, estoy de acuerdo con ellos, pero no estoy de acuerdo con lo segundo. Hacer caso a lo segundo sería, en realidad, dar a los niños una impresión falsa y educarlos en el escapismo, en el peor sentido de la palabra. Hay algo absurdo en la idea de educar de ese modo a una generación que ha nacido con la OGPU* y la bomba atómica. Puesto que es tan probable que tengan que vérselas con enemigos muy crueles, dejemos al menos que hayan oído hablar de valientes caballeros y del valor de los héroes. De otro modo, solo conseguiremos que su destino sea más oscuro, no más brillante. Por otro lado, la mayoría no pensamos que la violencia y la sangre de los cuentos cree ningún miedo obsesivo en los niños. En lo que a esto respecta, me pongo, de un modo impenitente, del lado de la especie humana frente al reformista moderno. Bienvenidos sean los reyes malvados y las decapitaciones, las batallas y las mazmorras, los gigantes y los dragones, y que los villanos mueran espectacularmente al final del relato. Nada me convencerá de que esto induce en un niño normal ningún miedo más allá del que desea, y necesita, sentir. Porque, por supuesto, el niño quiere que le asusten un poco.

La cuestión de los otros miedos —las fobias— es bien distinta. No creo que haya nadie capaz de controlarlas por medios literarios. Al parecer, venimos al mundo con las fobias puestas. Sin duda, esa imagen concreta en que se materializa el miedo de un niño puede a veces tener su origen en un libro. Ahora bien, ¿es esa imagen el origen o la concreción casual de ese miedo? Si el niño no hubiera visto esa imagen, ¿no tendría el mismo efecto otra distinta e impredecible? Chesterton nos habla de un niño que tenía más miedo al Albert Memorial que a cualquier

---

* OGPU, policía secreta soviética.

otra cosa en el mundo y yo conozco a un hombre cuyo gran terror infantil era la edición de la Enciclopedia Británica en papel Biblia... por un motivo que les desafío a descubrir. En mi opinión, es posible que, si usted confina a su hijo a esas pulcras historias de la vida infantil en las que jamás ocurre nada alarmante, fracase en su intención de desterrar sus miedos y le niegue, sin embargo, el acceso a todo lo que puede ennoblecerlos o hacerlos soportables. Y es que, en los cuentos de hadas y estrechamente ligados a los personajes terribles, encontramos consuelos y protectores brillantes y memorables; además, los personajes terribles no solo son terribles, sino también sublimes. Sería estupendo que los niños no sintieran miedo, cuando están tumbados en su cama y oyen o creen oír un ruido. Pero, si han de tener miedo, creo que es mejor que piensen en dragones y gigantes que en ladrones. Y san Jorge, o cualquier otro caballero de brillante armadura, me parece mejor consuelo que la idea de la policía.

Voy incluso más allá. Si yo me hubiera librado de todos mis terrores nocturnos al precio de no haber conocido el mundo de las hadas, ¿habría salido ganando con el cambio? No hablo por hablar. Aquellos miedos eran horribles, pero, en mi opinión, ese precio habría sido demasiado alto.

Pero me he desviado demasiado del tema. Algo inevitable, porque de las tres formas de escribir para niños solo conozco por experiencia la tercera. Espero que el título de esta charla no induzca a engaño y nadie piense que voy a darle al lector consejos sobre cómo escribir un relato para niños. Tengo dos buenas razones para no hacerlo. En primer lugar, son muchas las personas que han escrito relatos mucho mejores que los míos, así que, en lugar de enseñar el arte de la escritura, preferiría aprender más cosas de él. Además, y en cierto sentido, yo nunca he «hecho» ningún relato. El proceso que sigo se parece más a la observación de las aves que al habla o a la construcción. Yo veo imágenes. Algunas de esas imágenes tienen en común algún sabor, casi un olor, que las agrupa. Hay que guardar silencio y escuchar, y las imágenes comenzarán a reunirse. Si se tiene mucha suerte (yo nunca he tenido tanta), puede que muchas se agrupen con tanta coherencia que conformen una historia completa sin que tú hagas nada. Lo más frecuente, sin embargo (es lo que a mí siempre me ocurre), es que existan lagunas. En este caso es cuando, por fin, hay que recurrir a la invención deliberada, ideando motivos que justifiquen por qué los personajes se encuentran donde se encuentran y hacen lo que hacen. No tengo ni idea de si esta es la forma habitual de escribir historias, y mucho menos sé si es la mejor, pero es la única que conozco: las imágenes siempre son lo primero.

Antes de terminar me gustaría retomar lo que dije al principio, cuando rechacé cualquier forma de abordar la cuestión que comience con la pregunta: «¿Qué les gusta a los niños modernos?». Alguien puede preguntarme si también rechazo todo enfoque que comience preguntándose: «¿Qué necesitan los niños modernos?», es decir, si también rechazo una aproximación moral o didáctica a la cuestión. Pues bien, creo que la respuesta sería «sí», y no porque no me gusten los cuentos morales, ni tampoco porque piense que a los niños no les gustan las moralejas, sino porque estoy seguro de que la pregunta: «¿Qué necesitan los niños modernos?» no conduce a una buena moraleja. Cuando hacemos esa pregunta, damos por sentada cierta superioridad moral. Sería mejor preguntarse: «¿Qué moraleja necesito yo?», y es que creo que si algo no nos preocupa profundamente a los autores, tampoco les preocupará a nuestros lectores, con independencia de la edad que tengan. Pero lo mejor es no hacerse ninguna pregunta. Hay que dejar que las imágenes nos revelen su propia moraleja, porque la moral inherente a ellas surgirá de las raíces espirituales, sean estas cuales sean, que hayan arraigado en el curso de toda nuestra vida. Si esas imágenes no dejan entrever ninguna moraleja, no les añadamos una, y es que la que podamos añadir será, muy probablemente, una moral tópica, incluso falsa, rebañada de la superficie de nuestra conciencia. Y ofrecerles algo así a los niños es una impertinencia. Porque la autoridad nos ha dicho que, en la esfera moral, los niños son, probablemente, al menos tan sabios como nosotros. Si alguien *puede* escribir un cuento para niños sin moraleja, que lo haga, si es que se ha propuesto escribir cuentos para niños, claro. La única moraleja valiosa es la que se deriva de la forma de pensar del autor.

En realidad, los elementos de la historia deberían surgir de la forma de pensar del autor. Debemos escribir para niños a partir de los elementos de nuestra imaginación que compartimos con los niños; hemos de diferenciarnos de nuestros lectores niños, no por un menor o menos serio interés por los temas que manejamos, sino por el hecho de que tenemos otros intereses que los niños no comparten. El tema de nuestro relato debería formar parte del mobiliario habitual de nuestro pensamiento. Es algo que les ha sucedido, supongo, a todos los grandes autores de literatura infantil, cosa que normalmente no se comprende. No hace mucho tiempo, un crítico que se proponía elogiar un cuento de hadas dijo muy serio que el autor «nunca decía nada ni siquiera medio en broma». Caramba, ¿y por qué iba a hacerlo? Nada me parece peor para este arte que la idea de que todo lo que compartimos con los niños es «infantil», en el sentido peyorativo del término, y que todo lo infantil es, en cierto sentido, cómico. Debemos tratar a los niños como a nuestros iguales en esa área de nuestra naturaleza en la que somos sus iguales. Nuestra superioridad consiste, por una parte, en que en otras áreas somos mejores y, por otra (más relevante), en que contamos historias mejor que ellos. No hay que tratar a los niños con condescendencia ni idolatrarlos, tenemos que hablar con ellos de hombre a hombre. La peor actitud de todas es la del profesional que considera a los niños una especie de materia prima que hay que manejar. Por supuesto, debemos procurar no hacerles daño y, al amparo de la omnipotencia, atrevernos a esperar hacerles algún bien, pero solo un bien que no suponga dejar de tratarlos con respeto. No debemos imaginar que somos la Providencia o el Destino. No diré que nadie que trabaje en el ministerio de Educación puede escribir un buen cuento para niños, porque todo es posible, pero apostaría bastante dinero a que no puede.

Una vez, en el restaurante de un hotel, dije, seguramente en voz demasiado alta: «Odio las ciruelas»; «Yo también», respondió la inesperada voz de un niño de seis años desde otra mesa. La conexión fue instantánea. A ninguno de los dos nos pareció una situación divertida, pues ambos sabíamos que las ciruelas son demasiado malas para que lo sea. Ese es el tipo de comunicación idónea entre un hombre y un niño que no tienen una relación muy estrecha. De las más intensas y difíciles relaciones entre un niño y su padre o entre un niño y su profesor, no diré nada. Un autor, como mero autor, es ajeno a todo eso. Ni siquiera es un tío, es un hombre independiente y un igual, como el cartero, el carnicero y el perro del vecino.

A veces los cuentos de hadas dicen mejor lo que hay que decir

EN EL SIGLO XVI, cuando todos decían que los poetas (nombre que daban a todos los escritores de ficción) debían «deleitar e instruir», Tasso estableció una valiosa distinción. En su opinión, al poeta, en cuanto que poeta, solo le concernía el placer del lector. Pero, por supuesto, todo poeta era también un hombre y un ciudadano, y en virtud de ello debía, y deseaba, hacer su trabajo tan edificante como deleitoso.

Pero no quiero aferrarme a ideas tan renacentistas como «deleitar» e «instruir». Antes de aceptar cualquiera de los dos términos, tendría que redefinirlos hasta tal extremo que lo que después quedase apenas merecería la pena. Lo que sí me interesa es la distinción entre el autor en tanto que autor y el autor en tanto que hombre, ciudadano o cristiano. A donde quiero ir a parar es a que, normalmente, existen dos razones para escribir una obra de ficción: la que podríamos llamar la razón del Autor y la que llamaríamos del Hombre. Si solo está presente una de las dos, al menos por lo que a mí respecta, el libro no llegará a escribirse. Si falta la primera, no se puede escribir; si falta la segunda, no se debe.

En la cabeza del autor borbotea de vez en cuando el material de una historia. En mi caso, todo comienza invariablemente con una imagen mental. Pero este fermento no conduce a nada si no viene acompañado del deseo de una Forma: verso o prosa, relato corto, novela, teatro, o la que sea. Cuando uno y otra encajan, el impulso del Autor está completo y en su interior se forja algo que pugna por salir. El Autor desea ver cómo el material borboteante se derrama en la Forma tanto como el ama de casa desea ver la compota recién hecha derramándose en el tarro vacío. Ese deseo le atormenta a todas horas y se inmiscuye en su trabajo y en su sueño y en sus comidas. Es como estar enamorado.

Mientras el Autor se encuentra en ese estado, el Hombre, por supuesto, tendrá que criticar el libro propuesto desde un punto de vista muy distinto. Preguntará de qué modo encaja la gratificación de ese impulso en todas las demás cosas que desea y debe hacer o ser. Quizá la idea sea demasiado frívola y trivial (en opinión del Hombre, no del Autor) para justificar el tiempo y los esfuerzos que supone. Quizá no resulte edificante una vez concluida. O quizá (en este punto el Autor se anima) tenga buen aspecto, no solo en sentido literario, sino en todos los sentidos.

Esto puede parecer complicado, pero en realidad con otras cosas ocurre algo muy parecido. Te sientes atraído por una chica, pero ¿es la clase de chica con la que sería bueno o sensato casarse? Te apetece comer langosta, pero ¿te sienta bien, y no será una locura gastar tanto dinero en una comida? El impulso del autor es un deseo (se parece mucho a un picor) que, como cualquier otro, necesita la crítica del Hombre completo.

Permita el lector que aplique esta teoría a mis propios cuentos de hadas. Algunos piensan que comencé preguntándome cómo podría decirles a los niños algo acerca del cristianismo, que a continuación escogí el cuento de hadas como instrumento, que acto seguido recopilé información sobre la psicología del niño y decidí para qué grupo de edades escribiría y que luego elaboré una lista de verdades cristianas básicas y pergeñé unas «alegorías» con que darles cuerpo. Pero esto es pura pamplina. Yo no podría escribir así. Todo comenzaba con una imagen: un fauno con paraguas, una reina en trineo, un magnífico león. Al principio ni siquiera había en ellas nada cristiano, este elemento se fue abriendo paso por sí mismo. Formaba parte del borboteo.

A continuación venía la Forma. A medida que esas imágenes se resolvían en acontecimientos (es decir, se convertían en una historia), no parecían exigir ni el interés del amor ni una profunda psicología. Y la Forma que excluye ambas cosas es el cuento de hadas. En el preciso momento en que lo pensé, me enamoré de la Forma: su brevedad, sus severas restricciones en el terreno de la descripción, su tradicionalismo flexible, su inflexible hostilidad a cualquier análisis, digresión, reflexiones o «paja». Yo estaba enamorado. Sus limitaciones de vocabulario se convirtieron en un atractivo igual que la dureza de la piedra complace al escultor o la dificultad del soneto resulta deliciosa para el sonetista.

Desde ese punto de vista (el del Autor), escribía cuentos de hadas porque el cuento de hadas me parecía la Forma ideal para lo que yo tenía que decir.

Luego, por supuesto, le llegó el turno al Hombre que hay en mí. Creía ver de qué forma los cuentos de este tipo podían sortear cierta inhibición que durante mi infancia había paralizado gran parte de mis sentimientos religiosos. ¿Por qué resultaba tan difícil sentir cuando te decían que debías sentir a Dios o compadecerte de los sufrimientos de Cristo? En mi opinión, esto se debía principalmente a que a uno le habían dicho que tenía obligación de hacerlo. La obligación de sentir puede congelar los sentimientos. Y tanta reverencia también era perjudicial. Parecía obligado tratar el tema en voz baja, casi como si fuera un problema clínico. Pero ¿y si proyectando todo aquello en un universo imaginario, eliminando cualquier asociación con la escuela dominical y las vidrieras de la iglesia, se pudiera conseguir que, por vez primera, aflorase con toda su verdadera potencia? ¿No era posible sortear la vigilancia de aquellos dragones? Creo que se podía.

Esa era la razón del Hombre, pero por supuesto, nada podría haber hecho el Hombre si el Autor no hubiera entrado primero en ebullición.

Habrá advertido el lector que he hablado hasta ahora de cuentos de hadas y no de «cuentos para niños». Con *El señor de los anillos*,[1] J. R. R. Tolkien ha demostrado que la relación de los niños con los cuentos de hadas no es tan estrecha como piensan editores y educadores. A muchos niños no les gustan y, en cambio, a muchos adultos sí. Lo cierto es que, como dice Tolkien, ahora se los asocia con la infancia porque entre los adultos ya no están de moda. En realidad, los han recluido en el cuarto de los niños por el mismo motivo por el que a ese mismo cuarto se retiraban los muebles viejos, no porque a los niños hayan

---

1. Creo que Lewis se refiere, en realidad, al ensayo de Tolkien titulado «Sobre los cuentos de hadas».

empezado a gustarles, sino porque a sus mayores ya no les gustan.

En consecuencia, yo he escrito «para niños» únicamente en el sentido de que he excluido lo que pensaba que no les gustaría o no podrían comprender, no en el sentido de escribir algo que quedase por debajo de la atención de los adultos. Por supuesto, es posible que me engañe, pero, al menos, el principio mencionado me salva de la condescendencia. Nunca he escrito con condescendencia para nadie, y aunque esta opinión puede condenar o absolver mi obra, lo cierto es que creo que un libro que solo merece la pena leerse en la infancia no es un buen libro ni siquiera en esa época. Las inhibiciones infantiles que espero ayudar a superar con mis relatos también puede sufrirlas un adulto, que a su vez quizás pueda superarlas por los mismos medios.

Lo fantástico o lo mítico es una moda que algunos lectores pueden seguir a cualquier edad y otros, a ninguna. Y a cualquier edad, si el autor la utiliza bien y encuentra al lector indicado, tiene el mismo poder: el de generalizar sin dejar de ser concreta, el de presentar de forma atractiva no conceptos o experiencias, sino clases enteras de experiencia, y el de dejar de lado lo irrelevante. Pero, en su mejor versión, puede conseguir todavía más. Logra ofrecernos experiencias por las que nunca hemos pasado y, por lo tanto, en lugar de «comentar la vida», puede sumarse a ella. Hablo, por supuesto, del género mismo, no de mis tentativas.

De modo que «infantiles», ¡ja! ¿Acaso puedo mirar por encima del hombro el sueño porque los niños duerman profundamente? ¿O la miel porque a los niños les guste?

El gusto infantil

LEÍ HACE POCO en un periódico la siguiente afirmación: «Los niños son otra raza». Hoy en día, según parece, muchos autores, y todavía más críticos, de lo que ha dado en llamarse «literatura infantil» o «libros para niños» están de acuerdo con tal afirmación. A los niños se les considera, desde cualquier punto de vista, una especie *literaria* diferente y la publicación de libros destinados a satisfacer su supuestamente extraño y peculiar gusto se ha convertido casi en una industria pesada.

En mi opinión, sin embargo, esta teoría no se basa en los hechos. En primer lugar, no existe un gusto literario común a todos los niños. Entre ellos hay tantas diferencias como entre nosotros. Muchos, como nosotros, no leen si encuentran otra cosa con la que entretenerse. Algunos optan por libros tranquilos y realistas, por «trozos de vida» (por ejemplo, *The Daisy Chain*),* igual que algunos optamos por Trollope.

A otros les gustan los libros fantásticos como a nosotros nos gustan la *Odisea*, Boyardo, Ariosto, Spenser o Mervyn Peake. A otros les interesa casi exclusivamente

---

* Novela de Charlotte Mary Yonge (1823-1921), publicada en 1856. Se considera un antecedente de la célebre *Mujercitas*, de Louise May Alcott (1852-1888).

el ensayo, lo mismo que les sucede a algunos adultos. Entre ellos hay omnívoros, como entre nosotros. Los niños tontos prefieren las novelas rosas de la vida escolar, pero también hay adultos tontos a quienes les encantan las novelas rosas de la vida adulta.

También podemos abordar la cuestión desde otro punto de vista y elaborar una lista de obras que, según me han dicho, gustan por lo general a los niños y a los jóvenes. Supongo que sería razonable introducir en esa lista a *Esopo*, *Las mil y una noches*, *Gulliver*, *Robinson Crusoe*, *La isla del tesoro*, los cuentos de Beatrix Potter y *El viento en los sauces*. Solo las tres últimas obras fueron escritas para niños, pero muchos adultos las leen con gusto. En cuanto a mí, no me gustaron *Las mil y una noches* cuando las leí de pequeño y siguen sin gustarme.

Frente a esto puede aducirse que el que los niños disfruten con libros escritos para mayores no refuta en modo alguno la teoría de que existe un gusto específicamente infantil. Seleccionan (podríamos decir) esa minoría de obras que por casualidad les gustan, de igual forma que un extranjero podría seleccionar de Inglaterra los platos de la cocina inglesa que más se acomodan a su paladar foráneo. Por regla general, en efecto, se ha dicho que el gusto específicamente infantil es aquel que se decanta por la aventura y lo maravilloso.

Pero esto, como el lector habrá advertido, supone que consideremos específicamente infantil un gusto que en muchos lugares y épocas, tal vez en la mayoría, ha sido el gusto de toda la especie humana. Los relatos de las mitologías griega y nórdica, de Homero, de Spenser o del folklore que los niños (no todos los niños) leen con delectación fueron antaño del gusto de todos.

Ni siquiera el cuento de hadas *proprement dit* estaba en sus orígenes destinado a los niños; por el contrario, se contaba y disfrutaba (precisamente) en la corte de Luis XIV. Como Tolkien ha señalado, fue arrinconado en el cuarto de los niños cuando dejó de estar de moda entre los adultos, como se hacía con los muebles pasados de moda. Ni siquiera aunque lo maravilloso gustase a todos los niños y no a ningún adulto, que no es el caso, deberíamos decir que la peculiaridad de los niños reside precisamente en ese gusto. Su peculiaridad es que *todavía* les gusta, incluso en el siglo XX.

No me parece útil decir: «Lo que deleitaba a la infancia de la especie continúa deleitando a la infancia del individuo». Esta afirmación implica un paralelismo entre el individuo y la especie que no estamos en condiciones de establecer. ¿Qué edad tiene el Hombre? ¿Está la especie en su infancia, en su madurez o ya en la vejez? Puesto que no sabemos cuándo comenzó el Hombre exactamente y no tenemos idea de cuándo acabará, la pregunta es más bien absurda. ¿Quién sabe si llegará a alcanzar la madurez? Tal vez lo maten en su infancia.

Sin duda sería menos arrogante, y más acorde con los hechos, afirmar que la peculiaridad del lector infantil consiste en que no es peculiar. Somos nosotros quienes lo somos. En el terreno de los gustos literarios, las modas van y vienen entre los adultos y cada época tiene sus propios dogmas. Estos no mejoran el gusto de los niños cuando son buenos, pero tampoco lo corrompen cuando son malos; y es que los niños solo leen por divertirse y gozar. Por supuesto, debido a su vocabulario limitado y a su ignorancia del mundo, muchos libros les resultan ininteligibles, pero aparte de esto, el gusto infantil es, sencillamente, el gusto de los hombres, transmitido de época en época, tonto o sabio con una tontuna o una sabiduría universales, e independiente de modas, movimientos y revoluciones literarias.

Esto tiene una curiosa consecuencia. Cuando el *establishment* literario —el canon aprobado del gusto— es tan extraordinariamente árido y estrecho como el actual, gran parte de lo que se escribe ha de dirigirse en primer lugar a los niños si es que ha de llegar a imprimirse. Quienes tienen una historia que contar deben apelar a ese público al que todavía le importa el arte de la narración.

El mundo literario actual está poco interesado en el arte narrativo como tal, le preocupan más las novedades técnicas y las «ideas», por las cuales entiende no conceptos literarios, sino sociales o psicológicos. En la mayoría de las épocas, las ideas (literarias) sobre las que están construidas *Los incursores*, de Mary Norton, o *Mistress Masham's Repose*, de T. H. White, no tendrían por qué circunscribirse a la literatura infantil.

De esto se sigue que en la actualidad existen dos tipos distintos de escritores de «literatura infantil». Primero están los que se equivocan, los que creen que los niños «son otra raza». Además, *reconstruyen* cuidadosamente los gustos de estas criaturas extrañas —igual que un antropólogo observa las costumbres de una tribu salvaje— e incluso los gustos de un grupo de edad muy definido y perteneciente a una clase social determinada que forma parte de la «otra raza». Cocinan no lo que les gusta, sino lo que creen que les gusta a los miembros de la otra raza. Y en el preparado intervienen motivos educativos y morales, además de comerciales.

Luego están los autores que aciertan, los que trabajan a partir del terreno común, universal y humano que comparten con los niños y, en realidad, con numerosos adultos. En sus libros ponen la etiqueta «Para niños» porque los niños son el único mercado actualmente reconocido para los libros que ellos, en todo caso, desean escribir.

Todo comenzó con una imagen

MI EDITOR ME ha pedido que les cuente cómo se me ocurrió escribir *El león, la bruja y el ropero*. Lo intentaré, pero les aconsejo que no crean todo lo que dicen los autores sobre cómo escriben sus libros, y no porque pretendan mentirles, sino porque cuando un hombre escribe una historia está demasiado inmerso en ella como para reclinarse en su asiento y reflexionar acerca de cómo lo hace. En realidad, el hecho de hacerlo podría interrumpir el trabajo. Es como si usted empezara a pensar cómo se anuda la corbata mientras se anuda la corbata. Apuesto a que no sería capaz de acabar el nudo. Luego, cuando un autor termina su historia, olvida buena parte de lo que sintió al escribirla.

De una cosa estoy seguro. Mis siete libros de las *Crónicas de Narnia* y los tres de ciencia ficción comenzaron cuando se me pasaban por la cabeza ciertas imágenes. Al principio no había historia, solo imágenes. *El león* empezó con la imagen de un fauno que llevaba un paraguas y unos paquetes por un bosque nevado. Llevaba grabada esa imagen desde que tenía unos dieciséis años. Luego, cierto día, cuando rondaba los cuarenta, me dije: «Intentemos construir una historia a partir de esa imagen».

Al principio no sabía en qué consistiría la historia, pero entonces, de repente, apareció Aslan dando saltos. Creo que en aquella época tuve muchos sueños en los que aparecían leones. Aparte de esto, no sé de dónde salió aquel león ni por qué. Sin embargo, en cuanto llegó, comenzó a hilvanar la historia y, muy pronto, a hilvanar los otros seis libros de Narnia.

Como verán, en cierto sentido sé muy poco de cómo nació esta historia. Es decir, no sé de dónde salieron aquellas imágenes. Tampoco creo que nadie sepa exactamente de qué modo *elabora* su material. El proceso de elaboración es algo misterioso. ¿Acaso se puede explicar cómo *ocurre* una idea?

Sobre la ciencia ficción

ALGUNAS VECES UN pueblo o una ciudad pequeña que conocemos desde hace tiempo se convierte en escenario de un crimen, una novela o un centenario y entonces, por espacio de unos meses, su nombre resulta familiar a todo el mundo y los visita mucha gente. Algo parecido les ocurre a los recuerdos íntimos. Yo llevaba años paseando y leyendo a Trollope cuando de pronto me vi sorprendido, como si una ola me golpeara en la espalda, por la celebridad de Trollope y una locura pasajera por eso que se llama senderismo. Pues bien, hace poco he vuelto a tener la misma experiencia. He frecuentado todos los géneros de la ficción fantástica desde que aprendí a leer, incluido, por supuesto, ese tan particular que Wells cultivó en *La máquina del tiempo*, *Los primeros hombres en la Luna*, etcétera. De repente, hace unos quince o veinte años, advertí el notable auge de las publicaciones dedicadas a este tipo de literatura. En Estados Unidos surgieron revistas consagradas por entero a esos relatos. Normalmente, la ejecución era detestable, pero algunas veces había ideas dignas de un mejor tratamiento. En torno a esa época, la denominación «ficción científica», que pronto se vería sustituida por la de «ciencia ficción», comenzó a ser conocida por todos. Y entonces, hace unos cinco o seis años, cuando el auge de la ficción científica no solo se prolongaba, sino que acaso iba en aumento, se produjo un avance: no es que las malas historias dejasen de ser mayoría, pero las buenas pasaron a ser mejores y más numerosas. Después, el género empezó a concitar la atención (en mi opinión, siempre despectiva) de los semanarios literarios. En realidad, la historia de la ciencia ficción parece ofrecer una doble paradoja: comenzó a ser popular cuando menos popularidad merecía y suscitó el desprecio de los críticos tan pronto como dejó de ser absolutamente despreciable.

En ninguno de los artículos que he leído sobre el tema, y espero haberme perdido unos cuantos, he encontrado nada de provecho. Por un lado, la mayoría de sus autores no están muy bien informados; por otro, muchos aborrecen claramente el género. Es peligroso escribir sobre un género que se desprecia; el desprecio oscurece cualquier matiz. A mí no me gustan las historias de detectives, de modo que casi todas me parecen iguales. Si escribiera sobre ellas, no podría decir más que sandeces. Por supuesto, y a diferencia de la crítica de las obras, la crítica de los géneros no puede soslayarse —yo mismo me siento impelido a criticar algún subgénero de la ciencia ficción—, pero es la más subjetiva y menos fiable de las críticas. Sin embargo, no debería enmascararse bajo el disfraz de una crítica de los títulos. Muchas reseñas son inútiles porque, aunque se proponen condenar una obra, se limitan a revelar el rechazo que siente el crítico por el género al que pertenece. Dejemos que censuren las malas tragedias los que aman la tragedia y las malas novelas de detectives los que adoran el género detectivesco. Solo de ese modo advertiremos sus auténticos fallos. De otra manera, veremos cómo se culpa a muchas epopeyas por no ser novelas, a algunas farsas por no ser alta comedia, a las novelas de James por carecer de la vertiginosa acción de las de Smollett, etcétera. ¿A quién le interesan los insultos de un abstemio contra un buen vino o los de un misógino declarado contra una mujer?

Además, la mayoría de esos artículos se ocupaban sobre todo de explicar el incremento de la producción y el consumo de ciencia ficción desde un punto de vista psicológico y sociológico. Se trata, por supuesto, de una tentativa perfectamente legítima, pero en esto, como en todo, es posible que quienes odian aquello que tratan de explicar no sean los más indicados para comentarlo. Quien nunca ha disfrutado con algo y no sabe lo que se siente al hacerlo tendrá dificultades para saber a qué tipo de personas gusta, con qué ánimo se acercan y buscando qué suerte de gratificación. Y, si no sabe qué tipo de personas son esas, es que está mal pertrechado para averiguar por qué son como son. De esta forma, podría decirse de un género en particular, no solo que «hay que amarlo antes de que nos parezca digno de amor», como dice Wordsworth del poeta, sino también que debe haber sido amado al menos una vez si hemos de advertir a otros de sus defectos. Aunque leer ciencia ficción sea un vicio, los que no pueden comprender la tentación de ese vicio no son los más indicados para decirnos algo de valor sobre él. A mí, por ejemplo, me sucede lo mismo con los naipes: como no me gustan, no podría encontrar nada valioso que decir para advertir a alguien de que no se deje arrastrar por el juego. Ese tipo de críticos son como el frígido que predica la castidad, el mísero que nos previene de la prodigalidad y el cobarde que denuncia la precipitación. Y como, según ya he dicho, el odio asimila los objetos odiados, conseguirán que el lector deduzca que cuanto se agrupa bajo el término «ciencia ficción» es parecido y que la psicología de aquellos a quienes les gusta uno cualquiera de los títulos de este género es la misma. Por todo ello, es muy probable que el problema de explicar el florecimiento de la ciencia ficción parezca más simple de lo que es.

Por mi parte no intentaré explicarlo; tal florecimiento no me interesa. Para mí que una obra en particular forme parte del género o haya sido escrita mucho antes no significa nada. El auge de la ciencia ficción no puede conseguir que el género (o los géneros) sea intrínsicamente mejor o peor; aunque, por supuesto, las obras malas abundarán más.

A continuación, trataré de dividir este género narrativo en sus subgéneros. Comenzaré por un subgénero que considero radicalmente malo a fin de librarnos de él cuanto antes.

En este primer subgénero, el autor salta hacia un imaginario futuro en el que los viajes planetarios, siderales o incluso galácticos se han convertido en algo normal. A continuación, y ante este vasto telón de fondo, procede a desarrollar una historia corriente de amor, espionaje, catástrofes o crímenes. Yo encuentro esto carente de gusto. En una obra de arte, todo aquello que no se utiliza perjudica. Los escenarios y los elementos imaginados, débilmente o, a veces, completamente inimaginables, solo sirven para emborronar el verdadero tema de la obra y distraer el interés que pudiera tener. Presumo que los autores de este tipo de historias son, por así decirlo, «personas desplazadas», es decir, autores comerciales que en realidad no desean escribir ciencia ficción, pero aprovechan su popularidad para dar el barniz del género a su obra habitual. Ahora bien, es preciso establecer distinciones. Un salto al futuro, la rápida asunción de los cambios que, según se finge, han ocurrido en el pasado, es un *motor* legítimo siempre y cuando dé al autor la posibilidad de desarrollar una historia de verdadero valor que no podría contarse (al menos no con tanta economía de medios) de ninguna otra forma. Este es el tipo de obra que John Collier intenta en *Tom's A-Cold* (1933), una historia de acción heroica que se desarrolla entre personas semibárbaras, pero respaldadas por la tradición superviviente de una cultura ilustrada recientemente derrocada. Collier podría, cómo no, encontrar un contexto histórico adecuado a sus propósitos en alguna cultura de la alta Edad Media, pero esto le obligaría a ofrecer detalles arqueológicos que estropearían su libro, en caso de ser superficiales, y podrían distraer nuestro interés si fueran demasiado precisos. A mi juicio, por lo tanto, situar la acción del relato después de la destrucción de nuestra civilización y en Inglaterra está plenamente justificado. Eso le permite (a él y a nosotros) dar por sentado un clima, una flora y una fauna muy familiares. No le interesa el proceso que desembocó en el cambio; cuando se alza el telón, ese proceso ya ha finalizado. Pero este presupuesto forma parte de las reglas del juego y la crítica debe juzgar únicamente la calidad con que el autor lo lleva a cabo. En nuestra época, el salto al futuro se utiliza con mucha más frecuencia de modo satírico o profético: el autor critica algunos aspectos de nuestra sociedad llevándolos («prolongándolos», como diría Euclides) hasta su límite lógico. Recordemos *Un mundo feliz* y *1984*. No veo objeción alguna a un *motor* de estas características, ni veo qué interés puede tener discutir, como hacen algunos, si los libros que se valen de él tienen derecho a llamarse «novelas» o no. Es una cuestión meramente terminológica. Se puede definir la novela de tal modo que incluya o excluya ese tipo de obras. La mejor definición ha de ser la que se demuestre más conveniente, y, por supuesto, elaborar una definición con el propósito de excluir *Las olas* por un extremo o *Un mundo feliz* por otro, y a continuación hacer responsables a estas obras de su exclusión es tontería.

No condeno, por tanto, todos los libros que imaginan un futuro muy distinto al presente, sino aquellos que lo hacen sin motivo, aquellos que dan un salto de mil años para encontrar tramas y pasiones que podrían haber encontrado sin salir de casa.

Tras condenar el subgénero mencionado, me alegra centrarme en otro que considero legítimo, aunque no sienta por él el más leve aprecio personal. Si la anterior es la ficción de las «personas desplazadas», a esta podríamos llamarla la «ficción de los ingenieros». Está escrita por personas a quienes los viajes espaciales, u otro tipo de técnicas, aún no descubiertos interesan sobre todo en cuanto que posibilidades reales dentro del universo real. Las obras de este tipo nos ofrecen en forma imaginativa sus suposiciones acerca de cómo podrían ser esos viajes o esas técnicas. *Veinte mil leguas de viaje submarino*, de Julio Verne, y el relato «Acorazados terrestres», de H. G. Wells, fueron en su época ejemplos de este tipo de ficciones, pero la invención del submarino y el tanque han modificado el interés que inicialmente tenían. *Preludio al espacio*, de Arthur C. Clarke, es otro ejemplo de este subgénero. Carezco de los conocimientos científicos necesarios para criticar este tipo de relatos desde un punto de vista técnico y estoy tan lejos de sentir simpatía por los proyectos que anticipan que me siento incapaz de criticarlos desde el punto de vista de la fábula. Soy tan ciego a su atractivo como un pacifista a *Maldon* o *Lepanto* o un aristocratófobo (si se me permite acuñar la palabra) a la *Arcadia*. Pero no permita el Cielo que yo tenga en cuenta las limitaciones de mis simpatías cuando, todo menos una luz roja, me advierte de que debo abstenerme de emitir una crítica. Según tengo entendido, este tipo de historias pueden ser realmente buenas en su propio género.

En mi opinión, es útil distinguir las «historias de ingenieros», un tercer subgénero en el que el interés es científico en cierto sentido, pero también especulativo. Cuando, gracias a las ciencias, conocemos la probable naturaleza de lugares y condiciones de vida que ningún ser humano ha experimentado, todas las personas normales tenemos el impulso de imaginar cómo son. ¿Existe hombre lo bastante necio y zoquete para contemplar la Luna por un buen telescopio sin preguntarse qué sentiría si pudiera caminar entre sus montes y bajo su negro y poblado cielo? En cuanto van más allá de las declaraciones puramente matemáticas, a los propios científicos les resulta difícil evitar la descripción de los hechos en términos de su probable efecto sobre los sentidos de un observador humano. Añadamos a esto la experiencia sensible de ese observador, sus posibles emociones y pensamientos, y obtendremos sin más un rudimentario relato de ciencia ficción. Naturalmente, los hombres llevan siglos imaginando. ¿Cómo sería el Hades si pudiéramos descender a él todavía vivos? Homero envía al Hades a Odiseo y nos da su respuesta. O ¿cómo serán los antípodas? (Una pregunta del mismo tipo que la anterior mientras los hombres creyeron que la zona tórrida los hacía irremediablemente inaccesibles a ella). Dante lleva al lector a las antípodas y describe, con el entusiasmo del más moderno autor de ciencia ficción, cuánto le sorprende ver allí el Sol. Mejor aún, ¿qué sentiríamos si pudiéramos llegar al centro de la Tierra? Al final del *Inferno*, Dante nos describe de qué

modo, y tras descender desde los hombros de Lucifer a
su cintura, Virgilio y él tienen que ascender desde su cintura hasta los pies, y es que, naturalmente, han pasado
el centro gravitatorio. Es un efecto de ciencia ficción perfecto. En su *Iter Extaticum Celeste* (1656), Atanasio Kircher
lleva al lector a todos los planetas y a la mayoría de las
estrellas, y describe con tanta viveza como puede lo que
podríamos ver y sentir si tal viaje fuera posible. Kircher,
como Dante, se sirve de medios de transporte sobrenaturales. En *Los primeros hombres en la Luna*, Wells recurre
a medios que fingen ser naturales. Lo que mantiene esta
historia dentro de su propio subgénero y la distingue de
aquellas que pertenecen al subgénero de los «ingenieros»
es la elección de un compuesto imposible llamado «cavo-
rita». Pero, naturalmente, este imposible es un mérito, no
un defecto. Un hombre del ingenio de Wells podría haber
pensado en un compuesto más creíble, pero cuanto más
creíble, peor. Con ello solo conseguiría aumentar el interés acerca de las posibilidades reales de alcanzar la Luna,
un interés ajeno a la historia. Cómo llegaron los personajes al satélite no importa, el lector ya imagina cómo.
Importa ver por vez primera el cielo sin ningún velo y sin
aire, el paisaje lunar, la levedad de los objetos, la incom-
parable soledad, luego el terror creciente y, finalmente, la
abrumadora proximidad de la noche lunar; por todo ello
existe la fábula de Wells (especialmente en su versión original, más corta).

Escapa a mi comprensión que alguien pueda pensar
que esta forma de ficción no es legítima o la considere
desdeñable. Es posible que convenga no llamar «novelas» a estas composiciones; si usted lo prefiere, llámelas
«formas muy especiales de novela». En cualquier caso,
la conclusión debe ser prácticamente la misma: hay que

examinarlas de acuerdo a sus propias reglas. Es absurdo condenarlas porque con frecuencia no ofrecen un estudio de personajes ni profundo ni sensible. No tienen por qué. Y, si lo hacen, es un error. Cavor y Bedford, de Wells, son personajes demasiado, no demasiado poco, profundos. Todo buen escritor sabe que cuanto más extrañas sean las escenas y acontecimientos de su historia, más ligeros, corrientes y arquetípicos deben ser sus personajes. De ahí que Gulliver sea un hombre normal y corriente, y Alicia una niña como cualquier otra. De ser más notables, estropearían sus libros. También el Viejo Marinero es un hombre corriente. Contar de qué modo lo extraño afecta a las personas extrañas es acumular demasiada extrañeza. El testigo de un fenómeno raro no debe ser un raro, tiene que parecerse lo más posible a un hombre cualquiera o a cualquier hombre. Por supuesto, no se debe confundir una construcción de personajes poco profunda o arquetípica con una construcción imposible o poco convincente. Falsear los personajes siempre estropea una historia. Sin embargo, y al parecer, los personajes pueden reducirse y simplificarse casi en cualquier medida con resultados óptimos. Los mejores romances épicos son un ejemplo.

Por supuesto, es posible que a determinado lector (al menos eso parece de algunos) solo le interese el estudio detallado de personalidades complejas. En ese caso, tiene motivos para no leer esos géneros que ni exigen ni admiten tal estudio. Motivos para condenarlos, sin embargo, no tiene. En realidad, ni siquiera está capacitado para hablar de ellos. No debemos permitir que la novela de costumbres dicte las leyes de la literatura; que se limite a reinar en sus propios dominios. No debemos prestar atención a la máxima de Pope acerca del estudio apropiado de la humanidad. Todo es un estudio apropiado del hombre. El estudio apropiado del hombre como artista es todo aquello que ofrece un punto de apoyo a la imaginación y las pasiones.

Ahora bien, aunque opino que este tipo de ciencia ficción es legítimo y capaz de grandes virtudes, es un género que no permite una producción copiosa. En este sentido, solo la primera visita a la Luna o a Marte es pertinente. Cuando una y otro han sido descubiertos ya en uno o dos relatos (y en ambos son distintos), es difícil que nuestras facultades críticas vuelvan a quedar suspendidas con nuevos relatos. Por buenos que sean, si son demasiado numerosos, acabarán por neutralizarse unos a otros.

A continuación quiero ocuparme de un género que yo llamaría «escatológico». Trata del futuro, pero no como *Un mundo feliz* o *Cuando el durmiente despierta*. Si estas son novelas políticas o sociales, el género al que me refiero ofrece un vehículo imaginativo a todo tipo de especulaciones sobre el destino final de nuestra especie. Ejemplos de este género serían *La máquina del tiempo*, de Wells, *La última y la primera humanidad*, de Olaf Stapledon, o *El fin de la infancia*, de Arthur C. Clarke. Es aquí donde se vuelve imperativo encontrar una definición de la ciencia ficción que la separe por completo de la novela. *Last and First Men* tiene una forma en absoluto novelesca. En realidad, se trata de una forma nueva: la pseudohistoria. El ritmo, el tono, la preocupación por los desarrollos amplios, generales, tienen más que ver con los del historiador que con los del novelista. Además, es la forma adecuada para el tema que trata. Puesto que aquí nos separamos tanto de la novela, me gustaría incluir en este subgénero una obra que ni siquiera es narrativa. Se trata de *The End of the World* (1930), de Geoffrey Dennis. Y, sin duda, también incluiría en el género el brillante aunque a mi juicio depravado

«The Last Judgment», incluido en *Possible Worlds* (1927), de B. S. Haldane.

Las obras de este tipo expresan ideas y emociones en las que, en mi opinión, a veces es bueno entretenerse. De vez en cuando resulta aleccionador y catártico recordar nuestra pequeñez colectiva, nuestro aparente aislamiento, la aparente indiferencia de la naturaleza, los lentos procesos biológicos, geológicos y cosmológicos que, a largo plazo, pueden convertir en ridículas muchas de nuestras esperanzas (y posiblemente algunos de nuestros miedos). Si el *memento mori* es la salsa del individuo, no sé por qué ha de ahorrársele su sabor a la especie. Las historias de este tipo podrían explicar el rencor político que, apenas disimulado, detecté en cierto artículo dedicado a la ciencia ficción. El artículo insinuaba que quienes escriben o leen ciencia ficción probablemente sean fascistas. Tras una declaración como esa supongo que se oculta algo que quizá pueda explicarse con la analogía que voy a exponer a continuación. Supongamos que todos nos hallásemos en un barco y surgiera un conflicto entre los camareros; en esa situación, el portavoz de los camareros vería con malos ojos a cualquiera que se ausentase de los feroces debates del salón o de la despensa para tomar el aire en cubierta. Porque allí esa persona sentiría el sabor de la sal, contemplaría la vastedad del mar, recordaría que el barco tiene una procedencia y un destino. Se acordaría de cosas como la niebla, las tormentas y los hielos. Los salones iluminados, que en el fragor de la lucha no parecerían otra cosa que la escena de una crisis política, semejarían una frágil cáscara de huevo que avanza a través de la inmensa oscuridad sobre un elemento en que el hombre no puede vivir. La situación no cambiaría necesariamente las convicciones de esa persona sobre los derechos en disputa y los errores cometidos, pero probablemente le haría verlos bajo un nuevo prisma. No podría dejar de recordar que los camareros dan por hechas esperanzas más trascendentales que una subida de salario y que los pasajeros olvidan peligros más graves que tener que hacer y servirse las comidas. Los relatos de los que hablo son como esa visita a cubierta. Nos enfrían. Son tan refrescantes como ese pasaje de E. M. Forster en que, mientras observa unos monos, un hombre se da cuenta de que a la mayoría de los habitantes de India les importa muy poco el Gobierno de su país. De ahí la incomodidad que estos relatos causan en quienes, por el motivo que sea, desean tenernos a todos presos del conflicto inmediato. Esa es quizá la razón de que muchos lancen con tanta presteza la acusación de «escapismo». Yo nunca la comprendí hasta que mi amigo Tolkien me hizo la siguiente y sencilla pregunta: «En tu opinión, ¿a qué clase de hombres preocupa más la idea de escapar y quiénes son más hostiles a ella?». El mismo profesor Tolkien me dio la respuesta obvia: los carceleros. La acusación de fascismo es, a buen seguro, un mero enfangar las cosas. Los fascistas son, como los comunistas, carceleros; ambos nos asegurarían que el mejor lugar para estudiar a los prisioneros es la prisión. Pero, sin duda, esa acusación oculta la siguiente verdad: quienes reflexionan demasiado sobre el pasado o el futuro remotos o miran mucho tiempo al cielo nocturno tienen menos probabilidades que los demás de ser partidarios ardientes u ortodoxos de uno u otro credo.

Por último, me referiré al subgénero que a mí más me interesa. La mejor manera de abordarlo es recordando un hecho que los autores que se ocupan de este tema ignoran por completo. La, con mucho, mejor revista norteamericana sobre el género tiene el significativo nombre de

Fantasy and Science Fiction. En ella, como en otras muchas publicaciones del mismo género, no solo encontramos relatos de viajes espaciales, sino también relatos sobre dioses, fantasmas, espíritus, demonios, hadas, monstruos, etcétera. Esto nos da la pista que buscamos. Este último subgénero de la ciencia ficción representa, sencillamente, un impulso imaginativo tan antiguo como la especie humana, solo que maleado de acuerdo a las circunstancias de nuestro tiempo. No es difícil darse cuenta de por qué quienes desean visitar regiones desconocidas en busca de una belleza, asombro o terror que el mundo real no ofrece se han visto cada vez más arrastrados hacia otros planetas y estrellas. Es el resultado de unos conocimientos geográficos cada vez más amplios. Cuanto menos conocemos del mundo real, con mayor verosimilitud podemos situar maravillas en sus proximidades. Al igual que un hombre desplaza su casa en el campo a medida que los límites de la ciudad le alcanzan, cuando el área de nuestros conocimientos se amplía, tenemos que alejarnos un poco más. En los *Märchen* de los hermanos Grimm, relatos orales de los campesinos de las regiones boscosas, basta una hora de marcha hasta el siguiente bosque para encontrar una casa para tu bruja o tu ogro. El autor de *Beowulf* puede situar la guarida de Grendel en un lugar del que, según él mismo dice, está *Nis paet feor heonon Mil-gemeares*, es decir, a muy pocas millas. Homero, que escribía para un pueblo marítimo, tiene que prolongar el viaje de Odiseo varios días para que pueda encontrar a Circe, Calipso, el cíclope o las sirenas. En la antigua Irlanda se hablaba del *immram*, un viaje entre islas. La epopeya artúrica, por extraño que parezca a primera vista, se contenta con el viejo mecanismo de los *Märchen* y recurre a los bosques cercanos. Chrétien y sus sucesores eran buenos conocedores de la geografía real. Quizá la explicación esté en que se trata, sobre todo, de franceses que escriben sobre las islas británicas y la Gran Bretaña del pasado. Huon de Burdeos sitúa a Oberón en el este. Spenser inventa un país que no está en nuestro universo, Sydney se desplaza hasta una antigua Grecia imaginaria. Hacia el siglo XVIII fue preciso desplazarse a parajes muy lejanos. Paltock y Swift nos llevan a mares remotos, Voltaire hasta América. Rider Haggard tuvo que ir hasta la África inexplorada y el Tíbet. Bulwer-Lytton a las profundidades de la Tierra. Alguien podría haber predicho que tarde o temprano los relatos de este tipo acabarían por alejarnos de Tellus. Ahora sabemos que allí donde Haggard situó a *Ella* y el reino de Kôr podríamos en realidad encontrar cacahuetes o Mau Mau.

Dentro de este género narrativo hay que entender el aparato pseudocientífico como una *máquina*, entendiendo el término en el sentido que le daban los críticos neoclásicos. Basta con una apariencia superficial de credibilidad, con una mínima concesión a nuestras facultades críticas. Tiendo a pensar que los métodos abiertamente sobrenaturales son los mejores. En cierta ocasión conduje a mi protagonista hasta Marte en una nave espacial; luego lo pensé mejor e hice que unos ángeles lo trasladaran hasta Venus. Además, cuando los alcanzamos, los otros mundos tampoco tienen por qué adscribirse rígidamente a las probabilidades científicas. Es su belleza, maravilla o capacidad de sugestión lo que importa. Creo que cuando puse canales en Marte ya sabía que los mejores telescopios habían disipado esa vieja ilusión óptica. Lo relevante, sin embargo, es que formaban parte del mito marciano tal como estaba inscrito en la mentalidad común.

En consecuencia, la defensa y análisis de este género no difieren gran cosa de los de la literatura fantástica o mitopoética en general, aunque en la ciencia ficción los subgéneros y los sub-subgéneros van fraccionándose con una profusión desconcertante. En literatura, lo imposible —o esos elementos tan inmensamente improbables que equivalen a lo imposible— se puede utilizar con propósitos muy distintos. Tengo que limitarme a sugerir algunos de los tipos principales, porque el tema continúa esperando a su Aristóteles.

Lo imposible puede, de una forma casi carente de emoción, representar el juego del intelecto. El ejemplo más puro podría ser *Planilandia*, de Edwin A. Abbott, aunque incluso en este caso surge alguna emoción desde la sensación (que el libro inculca) de nuestras propias limitaciones: la conciencia de que nuestro conocimiento del mundo es arbitrario y contingente. Algunas veces, el juego produce un placer análogo al del engaño. Por desgracia, he olvidado el título y el autor de mi mejor ejemplo: la historia de un hombre que viaja al futuro porque él mismo, en ese futuro en que descubre una manera para viajar en el tiempo, regresa junto a sí mismo en el presente (es decir, al pasado de ese futuro) y se lleva a sí mismo.[1] Un juego menos cómico, y más agotador, es el de la magnífica reflexión sobre las consecuencias lógicas de viajar en el tiempo que hace Charles Williams en *Many Dimensions*, donde, pese a todo, el viaje en el tiempo se combina con otros muchos elementos.

---

1. Lewis está pensando, creo, en «By His Bootstraps», un relato de Robert A. Heinlein publicado en *Spectrum: A Science Fiction Antology* (1961).

En segundo lugar, lo imposible puede ser un simple postulado con la intención de dar pie a consecuencias farsescas, como sucede en *Brass Bottle*, de F. Anstey. La piedra Garuda de su novela *Vice Versa* no es un ejemplo tan puro; de esta obra emergen una moraleja seria y algo no muy distinto al *pathos*, tal vez en contra de los deseos del autor.

A veces, lo imposible constituye un postulado de consecuencias muy poco cómicas y cuando esto sucede, y si es buena, la historia apuntará cierto mensaje moral por sí misma, sin que el autor intervenga a un nivel consciente con algún tipo de manipulación didáctica. *El extraño caso del Dr. Jekyll y Mr. Hyde*, de Stevenson, es un ejemplo: otro es *Cast the First Shadow*, de Marc Brandel, donde un hombre solitario, despreciado y oprimido desde hace mucho tiempo porque no tiene sombra, conoce por fin a una mujer que comparte su inocente defecto, para volverse contra ella con asco e indignación al saber que, además, padece la aborrecible y antinatural característica de no tener reflejo. Los lectores que no escriben suelen calificar estas historias de alegorías, pero yo dudo de que en la mente del autor surjan como tales.

En este tipo de narraciones lo imposible es, como he dicho, un postulado, algo que se da por sentado antes de que la historia se ponga en marcha. Dentro de ese marco, el relato se desarrolla en el mundo conocido y es tan realista como el que más. Pero hay todavía otro subgénero (el último del que voy a ocuparme) en el que lo maravilloso impregna toda la narración. El relato nos sitúa en otro mundo y lo que da valor a ese mundo no es, naturalmente, la mera multiplicación de lo maravilloso con intención de conseguir un efecto cómico (como en *El barón de Munchausen* y en algunos pasajes de Ariosto y Boyardo) ni el asombro (como sucede, en mi opinión, en *Las mil y una noches* o en algunos cuentos para niños), sino sus características peculiares, su sabor. Si las buenas novelas son comentarios de la vida, las buenas historias de este tipo (mucho más infrecuentes) son adiciones a la vida. Este tipo de narraciones deparan, como ciertos sueños extraños, sensaciones que nunca hemos experimentado y amplían nuestra concepción de lo posible. De ahí la dificultad de discutir sobre ellas con quienes se niegan a que les saquen de eso que llaman «la vida real» —expresión con la que se refieren, tal vez, al surco que atraviesa un área de experiencia mucho más amplia y al cual nuestros sentidos y nuestros intereses biológicos, sociales y económicos normalmente nos confinan— o, si alguien consigue sacarlos, no pueden ver fuera de esa «vida real» nada aparte de aburrimiento mortal o una monstruosidad enfermiza. Lo normal es que se estremezcan y pidan que los lleven de nuevo a casa. Los mejores ejemplos de este género narrativo nunca abundarán. Yo incluiría entre ellos algunas partes de la *Odisea*, el *Himno a Afrodita*, gran parte del *Kalevala* y *The Faerie Queene*, algunos pasajes de *Malory* (aunque no los mejores) y muchos más de Huon de Burdeos; ciertas partes de *Enrique de Ofterdingen* de Novalis, *La balada del viejo marinero* y *Christabel*, el *Vathek* de Beckford, *Jason* y el Prólogo (y poco más) de *Earthly Paradise* de William Morris; *Phantastes*, *Lilith* y *La llave de oro* de George MacDonald; *La serpiente Uróboros* de E. R. Eddison, *El señor de los anillos* de Tolkien y esa tremenda, intolerable e irresistible obra de David Lindsay que es *Viaje a Arcturus*. También *Titus Groan* de Mervyn Peake y quizás algunas obras de Ray Bradbury. *El reino de la noche*, de W. H. Hodgson, también podría estar entre las elegidas debido al esplendor sombrío e inolvidable de sus imágenes, si no se viera desfigurada por un interés erótico sentimental e irrelevante y por el tonto y ramplón arcaísmo de su estilo. (Con esto no quiero decir que todos los arcaísmos sean estúpidos y no conozco una defensa convincente del odio de que en la actualidad son objeto. Si gracias a él tenemos la impresión de haber entrado en un mundo remoto, el arcaísmo está justificado. Y si esto ocurre, importa un rábano que sea correcto o no según los principios filológicos).

No creo que nadie haya explicado de forma satisfactoria el profundo, duradero y solemne placer que proporcionan estas historias. En mi opinión, Jung, que fue mucho más allá, da lugar con su explicación a un nuevo mito que nos afecta igual que el resto. ¿O acaso el análisis del agua tiene que ser un análisis húmedo? No intentaré hacer lo que Jung no hizo, pero me gustaría llamar la atención sobre un hecho que se ha pasado por alto: la asombrosa intensidad del rechazo que algunos lectores sienten de lo mitopoético. Me percaté por casualidad. Una dama (y lo que da más sabor a esta historia es que se trataba de una psicóloga junguiana de profesión) llevaba un tiempo hablándome de cierta sensación deprimente que al parecer iba apoderándose de su vida, del agostamiento de su capacidad para sentir placer, de la aridez de su paisaje mental. Por tantearla, le pregunté: «¿Le gustan los cuentos de hadas y la ficción fantástica?». Nunca olvidaré cómo se le tensaron los músculos, cómo cerró los puños, la expresión de horror que se fijó en su mirada. Luego, y cuando lo dijo le cambió la voz, afirmó: «Los *aborrezco*». Es evidente que la de aquella dama no era una opinión crítica, sino algo semejante a una fobia. He visto trazas de esa misma fobia en otros momentos, pero ninguna con tanta violencia. Por otra parte, por propia experiencia sé que, a aquellos a quienes nos gusta lo mitopoético nos gusta casi con la misma intensidad. Considerados en conjunto, ambos fenómenos deberían bastar para echar por tierra la teoría de que lo mitopoético es algo trivial. Por las reacciones que suscita se diría que, para bien o para mal, es una modalidad de la imaginación que actúa sobre nosotros a un nivel profundo. Si algunos parecen interesarse por ello de forma casi compulsiva, otros parecen aterrorizados ante lo que podrían encontrar. Pero eso, por supuesto, es solo una sospecha. De lo que estoy más seguro es de un *caveat* crítico que postulé hace un tiempo: no critiques sin grandes cautelas aquello para lo que no tienes gusto y, sobre todo, nunca critiques lo que no puedes soportar. Y ahora voy a poner todas mis cartas sobre la mesa. Desde entonces, he descubierto mi propia *fobia* particular, eso que no puedo soportar en literatura, eso que me hace sentirme profundamente incómodo: la representación de toda relación entre dos niños que semeje una historia de amor. Me molesta y me enferma, pero, por supuesto, no hago de esa sensación un decreto que me obligue a escribir reseñas injuriosas de los libros en los que el tema odiado aparece, sino una advertencia para no juzgarlos. Porque mi reacción no es razonable. Esos amores infantiles ocurren sin duda en la vida real y no puedo encontrar ningún motivo para que no aparezcan representados en el arte. Que en mí toquen la cicatriz de algún antiguo trauma es asunto mío. Me atrevería a aconsejar a los que intentan convertirse en críticos que adopten el mismo principio. Una violenta, y en realidad resentida, reacción contra todos los libros de determinado género o contra situaciones de un mismo tipo es una señal de advertencia. Porque estoy convencido de que la crítica adversa buena es lo más difícil. Aconsejaría a todos que comenzasen a ejercitarla en las condiciones más favorables, esto es, en aquellas circunstancias en que sepan lo que el autor pretende y les guste de corazón y hayan disfrutado de muchos libros en que se haya conseguido lo que se busca. En ese caso, el crítico tendrá alguna posibilidad de mostrar que el autor ha fallado y, quizá, de demostrar por qué. Pero si nuestra verdadera reacción ante un libro es «¡Puaj! No puedo soportar estas cosas», entonces me parece imposible poder diagnosticar sus verdaderos defectos. Podemos esforzarnos por ocultar nuestra reacción emotiva, pero acabaremos por sumergirnos en un galimatías dominado por palabras dictadas por las sensaciones, la falta de análisis y la moda: «falaz», «frívolo», «artificioso», «adolescente», «inmaduro», etcétera. Cuando de verdad sabemos lo que está mal, no nos hacen falta palabras como esas.

Réplica al profesor Haldane

ANTES DE PROCEDER con mi réplica al artículo «Auld Hornie, F. R. S.»,* que el profesor Haldane publicó en *The Modern Quarterly*, haré mejor en señalar el único punto de acuerdo entre nosotros. Creo, a raíz de cómo lamenta que mis personajes sean «como babosas que, metidas en una jaula de laboratorio, reciben un trozo de lechuga si giran a la derecha y una descarga eléctrica si se vuelven a la izquierda», que el profesor Haldane sospecha que, en mi opinión, la conducta ha de sancionarse con un sistema de premios y castigos. Pero se equivoca. Yo comparto su aversión a esa idea y su preferencia por la ética estoica o confuciana. Aunque creo en un Dios omnipotente, no considero que su omnipotencia suponga por sí misma la menor obligación de obedecerle. En mis relatos y novelas, los personajes «buenos» reciben su recompensa, pero porque creo que un final feliz es lo más apropiado para el tipo de obras festivas y ligeras que están en mi intención. El profesor ha confundido la «justicia poética» de la

---

* «Auld Hornie» es uno de los apelativos burlescos que los escoceses dan al diablo. «F. R. S». son las siglas de Fellow of the Royal Society [of London for the Advancement of Science], es decir, «Miembro de la Sociedad Real», asociación británica dedicada al fomento de la ciencia.

ficción con un teorema ético. Aunque yo iría más lejos. La aversión a cualquier ética que venere el éxito es uno de los principales motivos por los que yo estoy en desacuerdo con la mayoría de los comunistas. Según mi experiencia, los comunistas suelen decirme, cuando todo lo demás falla, que debería promover la revolución porque esta «acabará por llegar». Uno de ellos quiso disuadirme de mis posturas con el asombroso e irrelevante razonamiento de que si continúo sosteniéndolas acabaría, a su debido tiempo, por «ser segado» y argumentó, como un cáncer podría hacer si pudiera hablar, que, puesto que podía matarme, él debía de tener razón. Admito con satisfacción que hay gran diferencia entre el profesor Haldane y comunistas como ese, pero en compensación le pido a él que admita que mi ética cristiana y, por ejemplo, la de Paley son muy distintas. En su bando como en el mío hay indeseables para quienes, como para los de la Francia de Vichy, el mejor bando es el que vence. Desalojémoslos de la sala antes de empezar a hablar.

Mi mayor crítica al artículo del profesor Haldane es que, deseando criticar mi filosofía (si se me permite darle un nombre tan ampuloso), casi pasa por alto los libros en que he intentado establecerla y se concentra en mis obras de ficción. En el prefacio de *Esa horrible fortaleza* se le dice que puede encontrar la doctrina en que se basa la novela, desprovista de los ropajes de la ficción, en *La abolición del hombre*. ¿Por qué no consulta esta obra? El resultado de su método es muy desafortunado. El profesor habría sido un formidable crítico filosófico, y como tal, muy útil. Como crítico literario, aunque diste de ser aburrido, sigue errando el blanco. Buena parte de esta réplica debe concentrarse, por tanto, en aclarar algunos malentendidos.

Su ataque se concreta en tres acusaciones principales: 1) que mi ciencia está normalmente equivocada; 2) que calumnio a los científicos; 3) que desde mi punto de vista la planificación científica «solo puede conducir al infierno» (y que, por tanto, soy «un vehículo útil del orden social existente», valorado por aquellos que «pueden llegar a perder mucho con los cambios sociales», y reacio, por motivos erróneos, a hablar de la usura).

1) Mi ciencia está normalmente equivocada. En efecto, lo está, y la historia del profesor también. En *Possible Worlds* (1927) nos dice que «hace quinientos años [...] no estaba claro que las distancias celestiales fueran mucho más grandes que las terrestres», cuando lo cierto es que el manual de astronomía más utilizado en la Edad Media, el *Almagesto* de Ptolomeo, afirma con toda claridad (I. v.) que en relación a su distancia a las estrellas fijas hay que tratar toda la Tierra como un punto, y explica en qué observaciones basa esta conclusión. El rey Alfredo conocía bien esta doctrina, y también el autor de un libro tan «popular» como *South English Legendary*. Asimismo, y de nuevo me refiero a «Auld Hornie», me da la impresión de que el profesor piensa que las opiniones de Dante sobre la gravitación y la redondez de la Tierra eran excepcionales. Sin embargo, Dante pudo consultar la obra de Vicente de Beauvais, el astrónomo más popular y ortodoxo de la época (falleció alrededor de un año antes de que él naciera). En su *Speculum Naturale* (VII. vii.) este autor afirma que, si un agujero atravesara el globo terráqueo (*terre globus*) y por él arrojásemos una piedra, esta se quedaría quieta en el centro del planeta. En otras palabras, el profesor es más o menos tan buen historiador como yo buen científico. La diferencia estriba en que él introduce su historia falsa en libros que pretenden decir la verdad,

mientras que mi falsa ciencia forma parte de unas novelas. Yo quería escribir sobre mundos imaginarios y, ahora
que nuestro planeta ha sido explorado por completo,
esos mundos solo se pueden ubicar en otros planetas. En
función de lo que me proponía necesitaba suficientes referencias a la astronomía popular para conseguir, en el
«lector común», una «suspensión voluntaria de sus facultades críticas». Con tales fantasías nadie espera complacer a los científicos, de igual modo que no hay autor
de novela histórica que pretenda dejar satisfecho a ningún arqueólogo (y cuando se hace un esfuerzo serio por
conseguirlo, como en *Romola*,* el libro suele estropearse).
Hay, por tanto, buen número de falsedades científicas en
mis obras, algo que incluso yo mismo sé cuando las escribo. He puesto canales en Marte no porque yo crea que
los tenga, sino porque forman parte de una creencia ge-
neralizada a nivel popular, y los planetas tienen un carácter astrológico por esa misma razón. El poeta, afirma
Sydney, es el único escritor que nunca miente porque es
el único que no pide que sus afirmaciones se tomen por
verdaderas. Y si el término «poeta» es demasiado elevado
para emplearlo en este contexto, podemos decir lo mismo
de otra manera: el profesor me ha sorprendido tallando
un elefante de juguete y me critica como si yo pretendiera
enseñar zoología. Pero yo no buscaba al elefante que conocen los científicos, sino a nuestro viejo amigo Jumbo.

2) En mi opinión, el mismo profesor Haldane consideraba la crítica de mis afirmaciones científicas una mera
escaramuza; su segunda acusación (la de que calumnio
a los científicos) es un ataque mucho más serio. Y aquí,
desgraciadamente, se equivoca de libro —*Esa horrible*

---

* Novela histórica de George Eliot publicada en 1863.

fortaleza—, prescindiendo del que más podría ayudarle en su argumentación. Si puede acusarse a alguna de mis novelas de ser calumniosa con los científicos, esa novela es *Más allá del planeta silencioso*. Se trata, sin duda, de un ataque, si no a los científicos, a algo que podemos llamar «cientifismo», esto es, cierta perspectiva del mundo que, casualmente, guarda relación con la popularización de las ciencias, aunque sin duda está mucho menos extendida entre los científicos que entre los lectores. En pocas palabras, el cientifismo consiste en la creencia de que el supremo fin de la moral es la perpetuación de la especie, fin que hay que perseguir incluso cuando, en mitad del proceso de equiparse para la supervivencia, esa especie, la nuestra, se desprenda de todos los elementos que le confieren valor: la piedad, la felicidad y la libertad. No estoy seguro de poder encontrar ningún escritor que afirme formalmente esta creencia —y es que esos valores son una premisa asumida pero no declarada— y, sin embargo, algunos sí me la transmiten; por ejemplo, Shaw en *Back to Methuselah*, Stapledon y el profesor Haldane en «Last Judgment» (publicado en *Possible Worlds*). Por supuesto, me he dado cuenta de que el profesor disocia su propio ideal del de sus *veneritas*. El profesor afirma que su idea «se sitúa en algún lugar entre» ellos y una raza «absorta en la persecución de la felicidad individual». Supongo que por «persecución de la felicidad individual» el profesor quiere decir «la persecución por parte de cada individuo de su propia felicidad a costa de la felicidad del vecino», pero también podría entenderse que apoya la idea (para mí carente de significado) de que existe otro tipo de felicidad, que hay otro ente aparte del individuo capaz de felicidad o infortunio. Asimismo, sospecho (¿me equivoco?) que cuando dice «en algún lugar entre», el profesor quiere acercarse bastante al extremo venerita de la escala. Fue contra esta perspectiva de la vida, contra esta ética si se quiere, contra la que yo escribí mi fantasía satírica, proyectando en mi Weston la imagen de bufón-villano de la herejía «metabiológica». Si alguien afirmase que hacer de él un científico fue injusto porque la idea que ataco no es la más difundida entre los científicos, podría estar de acuerdo (aunque podría calificar una crítica de ese tipo de hipersensible). Lo extraño es que el profesor Haldane cree que Weston es «reconocible como científico». Me quita un peso de encima, porque yo tenía mis dudas. Si alguien me pidiera que atacase mis propias obras, habría señalado que, aunque por necesidades de argumento Weston debía ser físico, sus intereses parecen, exclusivamente, los de un biólogo. También habría preguntado si resulta creíble que un fanfarrón como él invente, no ya una nave espacial, sino una trampa para ratones. Pero es que, tanto como un relato fantástico, yo quise escribir una farsa.

Perelandra, en tanto en cuanto no se limita a ser una mera continuación de su predecesora, está escrita para mis correligionarios. Creo que su verdadero tema no puede interesar al profesor Haldane desde ningún punto de vista. Solo señalaré que, si el profesor hubiera advertido el muy elaborado ritual en el que los ángeles dejan el gobierno de ese planeta en manos de los humanos, se habría dado cuenta de que la «angelocracia» de Marte es, para mí, cosa del pasado. La Encarnación marca la diferencia. No quiero decir que haya que esperar que le interese mi idea como tal, pero, al menos, podría habernos ahorrado una pista falsa política.

De *Esa horrible fortaleza*, el profesor Haldane no ha entendido casi nada. Introduzco el personaje del «buen» científico precisamente para demostrar que los científicos no son mi objetivo. Para dejar muy claro lo que quiero decir, abandona el N. I. C. E. porque se da cuenta de que se había equivocado al creer que «tenía algo que ver con la ciencia» (p. 80).* Pero para que quede más claro todavía, mi protagonista, el hombre que siente una atracción casi irresistible por el N. I. C. E., es descrito (p. 205) como alguien cuya «educación no había sido ni científica ni clásica, sino meramente *moderna*. Tanto los rigores de la abstracción como los de la alta tradición humanística [...]. Era [...] un aprendiz voluble en temas que no exigieran conocimientos exactos». Para que el progreso hacia el libertinaje de la mente de Wither quede doble o triplemente claro, lo represento no como un progreso científico, sino manifiestamente filosófico. Y, por si esto no fuera suficiente, hago que el protagonista (que, a propósito, es hasta cierto punto un retrato exagerado de un hombre que conozco, no de mí) diga que las ciencias son «buenas e inocentes en sí mismas» (p. 225), aunque un pernicioso «cientifismo» comienza a impregnarlas. Y por último, aquello de lo cual la novela está decididamente en contra, no es de los científicos, sino de los funcionarios. Si hay alguien que deba sentirse calumniado por el libro no es el científico, sino el funcionario, y, a continuación, ciertos filósofos. En boca de Frost pongo las teorías éticas del profesor Waddington, aunque, por supuesto, al hacerlo no pretendo decir que el profesor Waddington de la vida real sea un hombre como Frost.

---

* Los números de página mencionados corresponden a la edición de 2022 por Grupo Nelson. Los tres títulos de la trilogía han sido publicados en 2022 por Grupo Nelson, tanto por separado como en un solo volumen titulado *La trilogía cósmica* (*N. del E.*).

Entonces, ¿qué pretendía atacar en *Esa horrible forta-leza*? En primer lugar, cierta perspectiva sobre los valo-res. Es el mismo ataque, por otra parte, de *La abolición del hombre*, donde lo llevo a cabo sin ningún disfraz. En se-gundo lugar, afirmaba, al igual que el apóstol Santiago y el profesor Haldane, que ser amigo «del mundo» es ser enemigo de Dios. La diferencia entre nosotros es que el profesor ve el «mundo» puramente en términos de las amenazas y los alicientes que dependen del dinero y yo, no. La comunidad más «mundana» en que he vivido es la de la población académica, mundana sobre todo en la crueldad y arrogancia de los fuertes, en la adulación y mutuas traiciones de los débiles y en el enorme esno-bismo de ambos grupos. No había nada suficientemente bajo que, por ganar el favor de la aristocracia del *college*, los miembros del proletariado académico no pudieran hacer o padecer, ni había injusticia demasiado grande que la aristocracia no pudiese practicar. Pero aquel sis-tema tan clasista no dependía del dinero. A quién le pre-ocupa el dinero cuando puede conseguir gran parte de lo que quiere mediante un servilismo rastrero y el resto por la fuerza. Es una lección que no he olvidado y una de las razones de que no pueda compartir la exaltación del pro-fesor Haldane por el destierro de Mammón de «una sexta parte de la superficie de nuestro planeta». Yo he vivido ya en un mundo del que Mammón estaba desterrado y era el más malvado y miserable que he conocido. Si Mammón fuera el único demonio, la cuestión sería diferente, pero ¿y si allí donde Mammón deja su trono vacante, Moloc se alza con el poder? Como dijo Aristóteles, «los hom-bres no se hacen tiranos para vivir calientes». Todos los hombres, no hay duda, desean placer y seguridad, pero los hombres también desean el poder y la mera sensación de «estar en el ajo», de formar parte de la elite, de no ser marginados; una pasión insuficientemente estudiada y tema principal de mi fábula. Cuando la sociedad alcanza un estado tal que el dinero es el pasaporte a todos esos premios, el dinero, por supuesto, es la primera de las tentaciones, pero, aunque el pasaporte cambie, los deseos permanecen. Además, hay otros muchos pasaportes posibles, como, por ejemplo, un puesto en la jerarquía oficial. Un hombre ambicioso y mundano no elegiría, ni siquiera en la actualidad, el puesto de salario más alto. El placer de estar «muy arriba y muy adentro» bien puede valer el sacrificio de algún ingreso.

3) En tercer lugar, ¿de verdad ataco yo la planificación científica? Según el profesor Haldane, «la idea del señor Lewis queda suficientemente clara. La aplicación de la ciencia a los asuntos humanos solo puede conducir al infierno». Ese «solo puede» no tiene, desde luego, ninguna justificación, pero el profesor tiene razón al suponer que, si yo no considerase que existe un peligro grave y muy extendido, no habría concedido un lugar central a la planificación científica ni siquiera en lo que yo llamo un «cuento de hadas» y un «cuento chino». Si se pudiera reducir la novela a una proposición, esta casi sería la contraria a la que el profesor supone: no que «la planificación científica nos conducirá sin vacilación al infierno», sino que «en el mundo actual, cualquier invitación efectiva al infierno se nos presentará, sin duda, con el disfraz de la planificación científica», algo que ya hizo el régimen de Hitler. Todo tirano debe comenzar por declarar que posee lo que sus víctimas respetan y darles lo que quieren. En los países modernos, la mayor parte de la población respeta la ciencia y desea que planifiquen su vida. Por tanto, y casi por definición, si un hombre o un grupo desean esclavizarnos

se definirán a sí mismos como «democracia de planificación científica». Tal vez sea cierto que cualquier salvación real deba igualmente definirse a sí misma, en teoría de un modo sincero, como «democracia de planificación científica»; razón de más para examinar con precaución todo cuanto lleve esta etiqueta.

Mis temores de una tiranía así le parecerán al profesor insinceros o pusilánimes. Para él, todo el peligro procede de la dirección contraria, del caótico egoísmo del individualismo. Debo explicar por qué temo más la disciplinada crueldad de alguna oligarquía ideológica. El profesor tiene su propia explicación para esto. Cree que, de una manera subconsciente, me motiva el hecho de que puedo «llegar a perder mucho con el cambio social». Tiene razón, me resultaría muy difícil dar la bienvenida a un cambio que podría enviarme a un campo de concentración. Podría añadir que al profesor le sería muy fácil recibir de buen grado un cambio que le situaría a él en lo más alto de una oligarquía omnicompetente. Por eso el juego de los motivos resulta tan poco interesante. Cada bando puede seguir jugando *ad nauseam*, pero, después de despejar el terreno, habrá que seguir considerando las ideas de todos según sus méritos. Así, pues, me niego a entrar en el juego de los motivos y reanudo la discusión. No espero conseguir que el profesor Haldane me dé la razón, pero me gustaría que, cuando menos, comprendiera por qué pienso que el culto al diablo es una posibilidad real.

Soy un demócrata. El profesor Haldane cree que no lo soy y basa su opinión en un pasaje de *Más allá del planeta silencioso* en el que discuto, no las relaciones en el seno de una especie (la política), sino las relaciones de una especie con otra. Según las conclusiones lógicas de su interpretación, habría que atribuírseme el axioma de que los caballos valen para una monarquía equina pero no para una democracia equina. Lo que aquí sucede es que el profesor, como le ocurre tantas veces, no comprende lo que yo en realidad afirmo en *Más allá del planeta silencioso*, aunque, en caso de haberlo comprendido, le habría resultado poco interesante.

Soy un demócrata porque creo que no hay hombre ni grupo de hombres lo bastante bueno para que se le pueda confiar un poder incontrolado sobre los demás. En mi opinión, cuanto más altas sean las aspiraciones de ese poder, más peligroso será tanto para los gobernantes como para sus súbditos. De ahí que la teocracia sea la peor de todas las formas de gobierno. Si hemos de tener un tirano, es preferible que sea un ladrón que no a inquisidor. La crueldad del ladrón puede a veces adormecerse, su codicia llegar a saciarse, y puesto que en el fondo de su ser sabe que hace mal, quizá algún día se arrepienta. En cambio, el inquisidor que confunde su propia crueldad, temor y ansia de poder con la voz del Cielo nos atormentará indefinidamente, porque lo hará con el beneplácito de su conciencia y sus mejores impulsos le parecerán tentaciones. Y puesto que la teocracia es lo peor, cuanto más se acerque un gobierno a la teocracia, peor será. Una metafísica que los gobernantes sostienen con la fuerza de una religión es una mala señal. Les prohíbe, como el inquisidor, admitir en sus adversarios algún grano de verdad o bondad, se abroga las leyes corrientes de la moralidad y sanciona de un modo altivo y suprapersonal pasiones humanas corrientes que son las que, al igual que a los demás, suelen guiar a los gobernantes. En una palabra, la teocracia prohíbe la duda saludable. En realidad, un programa político nunca podrá ser bueno más que de un modo probable. Es imposible conocer todos los datos del presente y sobre el futuro solo podemos conjeturar. Otorgar al programa de un partido —al que lo más que podemos pedir es que sea prudente y razonable— las certezas que deberíamos reservar únicamente a los teoremas demostrables es una suerte de intoxicación.

Esta falsa certeza sale a relucir en el artículo del profesor Haldane. El profesor, sencillamente, no puede creer que haya hombres que pongan en duda la usura. No alzo ninguna objeción a que crea que me equivoco: lo que me sorprende es su instantánea asunción de que la cuestión es tan simple que no puede dar lugar a ninguna duda. Pero esto es romper el canon de Aristóteles: exigir a cada pregunta el grado de certeza que el tema permita. Y *ni muerto* fingir que se comprende más de lo que se comprende.

Como soy un demócrata, me opongo a todo cambio social drástico y repentino (sea en la dirección que sea), porque, en realidad, tales cambios nunca se producen si no es por medio de una técnica particular. Esa técnica supone la toma del poder por parte de un pequeño y muy disciplinado grupo, seguida, al parecer automáticamente, del imperio del terror y la policía secreta. En mi opinión, ninguno de esos grupos es lo bastante bueno para ostentar ese poder. Todos están compuestos por hombres con pasiones semejantes a las nuestras. El secretismo y disciplina de su organización habrán inflamado ya en ellos el deseo de ingresar en los círculos del poder, deseo que yo considero tan corruptor como la codicia, y sus altas pretensiones ideológicas habrán prestado a todas sus pasiones el peligroso prestigio de la Causa. De ahí que, sea cual sea la dirección del cambio, para mí está condenado a causa de su *modus operandi*. El peor de todos los peligros públicos es el comité de salud pública. Hay un personaje en *Esa horrible fortaleza* que el profesor no menciona ni una sola vez. Se trata de la señorita Hardcastle, jefa de la policía secreta. Ella es el factor común de todas las revoluciones y, como ella misma afirma, nadie haría su trabajo a no ser que encontrara en él cierto placer.

Por supuesto, he de admitir que el actual estado de cosas puede a veces ser tan malo que un hombre tenga la tentación de arriesgarse a cambiarlo incluso por métodos revolucionarios, decirse que los grandes males exigen grandes remedios, que la necesidad no conoce ley. Pero ceder a esta tentación, pienso, es fatal. Es con este pretexto como se abren paso todas las abominaciones. Hitler, el príncipe de Maquiavelo, la Inquisición, el Brujo de la Tribu, todos ellos afirmaban ser necesarios.

Desde este punto de vista es imposible que el profesor pueda entender lo que quiero decir cuando hablo de adoración al diablo. ¿Es un símbolo? Para mí no es solo un símbolo. Su relación con la realidad es más complicada, aunque esto al profesor Haldane no le interesaría. Sin embargo, y como en parte sí que es simbólica, trataré de dar al profesor cuenta de lo que yo entiendo por adorar al diablo sin introducir el elemento sobrenatural. Debo empezar por aclarar un malentendido bastante curioso. Normalmente, cuando acusamos a algunas personas de adorar al diablo no queremos decir que lo adoran de forma consciente. Esto, estoy de acuerdo, es una rara perversión. Cuando un racionalista acusa a ciertos cristianos, como por ejemplo los calvinistas del siglo XVII, de culto al diablo, no quiere decir que adoren a un ser al que consideran el diablo: quiere decir que adoran como Dios a un ser cuyas características considera diabólicas el racionalista. Es claramente en este sentido, y solo en este sentido, como mi Frost adora al diablo. Adora a los *macrobes* porque son seres más fuertes y, por tanto, para él «más elevados» que los hombres. Los adora, en realidad, por los mismos motivos por los que mi amigo comunista me obligaría a honrar la revolución. En la actualidad no hay ningún hombre (probablemente) que haga lo que yo hago hacer a Frost, pero este personaje es el punto ideal en el que, si se diera el caso, confluirían ciertas tendencias ya observables.

La primera de estas tendencias es la creciente exaltación de lo colectivo frente a la creciente indiferencia por las personas. Es probable que haya que buscar las fuentes filosóficas de esta tendencia en Rousseau y Hegel, aunque el carácter general de la vida moderna, con sus enormes organismos impersonales, puede ser más potente que cualquier filosofía. El propio profesor Haldane ilustra con precisión la mentalidad actual. En su opinión, si uno tuviera que inventar una lengua para «seres sin pecado, que amasen a sus vecinos tanto como a sí mismos», sería apropiado no emplear ninguna palabra para conceptos como «mío» o «yo» y «otros pronombres e inflexiones de persona». En otras palabras, el profesor no ve diferencia entre dos soluciones al problema del egoísmo que, sin embargo, son opuestas: la del amor (que es una relación entre individuos) y la de la abolición de los individuos. Solo un «Tú» puede ser amado, y un «Tú» puede existir solo para un «Yo». Una sociedad en la que nadie fuera consciente de sí mismo como individuo frente a otros individuos, donde nadie pudiera decir «te quiero», estaría, sin duda, libre de egoísmo, pero no a causa del amor. Sería «desinteresada» en el sentido en que es desinteresado un caldero de agua. En *Back to Methuselah* encontramos otro buen ejemplo. Tan pronto como Eva se ha enterado de que la reproducción es posible, le dice a Adán:

«Puedes morir en cuanto haya hecho a un nuevo Adán. No antes. A partir de ese momento, cuando tú quieras». El individuo no importa. Por tanto, cuando de verdad empecemos a avanzar (y los jirones de una antigua ética cuelguen aún de la mayoría de las mentes) no importará lo que le suceda al individuo.

En segundo lugar está la emergencia de «el Partido» en el sentido moderno de la expresión: los fascistas, los nazis o los comunistas. Lo que distingue a los partidos actuales de los del siglo XIX es el hecho de que sus miembros creen que no solo se trata de cumplir un programa, sino también de obedecer a una fuerza impersonal, de modo que son la Naturaleza, o la Evolución, o la Dialéctica, o la Raza lo que los impulsa. Esto tiende a verse acompañado por dos creencias que, desde mi punto de vista, no pueden conciliarse con la lógica y se mezclan con gran facilidad en el terreno emocional: la fe en que el proceso que el Partido abraza es irreversible y la creencia de que el avance de este proceso es un deber supremo que deja en suspenso todas las leyes morales corrientes. De acuerdo a esta mentalidad, los hombres pueden convertirse en adoradores del diablo en el sentido de que ahora pueden *honrar*, y obedecer, sus propios vicios. Todos los hombres siguen a veces el dictado de sus vicios, pero solo cuando la crueldad, la envidia y el ansia de poder se convierten en los mandatos de una gran fuerza suprapersonal pueden ejercerse de modo autoaprobatorio. El primer síntoma se manifiesta en el lenguaje. Cuando «matar» se convierte en «liquidar», el proceso ha comenzado. El término pseudocientífico desinfecta el concepto de sangre y de lágrimas, o de vergüenza y piedad, y la propia merced puede considerarse una especie de desaliño.

[Lewis prosigue diciendo: «En la actualidad, y en la medida en que sirven a una fuerza metafísica, los Partidos modernos se parecen mucho más a las religiones. El culto a Odín en Alemania o al cadáver de Lenin en Rusia son, probablemente, menos importantes, pero hay un …»; y aquí se interrumpe. Falta solo una página (creo). Probablemente se perdiera poco después de la fecha de redacción del artículo y sin que Lewis lo supiera, ya que, como era su costumbre, dobló el manuscrito y garabateó a lápiz su título: «Anti-Haldane»].

El hobbit

LOS EDITORES DECLARAN que *El hobbit*, aunque muy distinta a *Alicia*, se parece a esta en que es la obra lúdica de un catedrático. Una verdad más importante es que ambas obras pertenecen a un género muy pequeño de libros que nada tienen en común salvo el hecho de que nos introducen en un mundo propio, un mundo que, según parece, existía ya mucho antes de que nosotros entrásemos en él con un traspié, pero que para el lector apropiado se convierte en algo indispensable en cuanto lo encuentra. *El hobbit* pertenece a ese grupo de obras que podrían integrar *Alicia*, *Planilandia*, *Phantastes* y *El viento en los sauces*.

Naturalmente, definir el mundo de *El hobbit* es imposible porque es nuevo. No se puede imaginar antes de visitarlo y no se puede olvidar una vez que se conoce. Las admirables ilustraciones del autor y sus mapas del Bosque Negro, Goblingate y Esgaroth nos dan idea de lo que vamos a encontrar, y lo mismo sucede con los nombres del enano y del dragón, que captan nuestro interés en cuanto empezamos a pasar las páginas. Pero hay enanos y enanos, y lo cierto es que ninguna receta general para escribir cuentos infantiles puede dar como resultado criaturas tan arraigadas en su propia tierra e historia como las de Tolkien, el cual, evidentemente, conoce de ellas mucho más de lo que requiere su narración. Esa receta tampoco nos prepara para la curiosa transformación que nos traslada de unos comienzos cotidianos y pragmáticos («los hobbits son gente pequeña, más pequeña que los enanos —y sin barba—, pero mucho mayor que los liliputienses»)[1] al tono de saga de los últimos capítulos («Estoy pensando en preguntar qué parte de su herencia habrías pagado de haber encontrado el tesoro sin vigilancia»).[2] Es preciso leerlo para darse cuenta de hasta qué punto es inevitable ese cambio y cómo mantiene el paso con el viaje del protagonista. Aunque todo es maravilloso, nada es arbitrario: al parecer, todos los habitantes de las Tierras Ásperas tienen el mismo derecho incuestionable a la existencia que tenemos los de nuestro propio mundo, aunque el afortunado niño que se tope con ellos no sepa —y sus desmemoriados mayores, menos aún— que manan de las profundas fuentes de nuestra sangre y tradición.

Porque hay que comprender que *El hobbit* es un libro infantil solo en el sentido de que la primera de las muchas lecturas que merece puede llevarse a cabo en el cuarto de los niños. Los niños leen *Alicia* con gesto serio, los adultos, con risas; *El hobbit*, por el contrario, les resultará más divertido a sus lectores más jóvenes y, solo años después, en una décima o vigésima lectura, comenzarán a percatarse de qué copiosa erudición y profundas reflexiones consiguen que todo sea tan

---

1. *The Hobbit: or There and Back Again* (1937), cap. 1. [Hay edición española: *El hobbit*, traducción de Manuel Figueroa, Barcelona, Minotauro, 1982].
2. Ibid., cap. XV.

maduro, tan familiar y, a su manera, tan cierto. Predecir es arriesgado, pero, en mi opinión, es posible que *El hobbit* se convierta en un clásico.

El señor de los anillos de Tolkien

ESTE LIBRO[1] ES como un relámpago en un cielo despejado;
tan rotundamente distinto, tan impredecible en nuestra
época como *Cantos de inocencia** en la suya. Decir que con
él la novela heroica, espléndida, elocuente y manifiesta,
ha retornado de pronto en medio de un periodo casi pato-
lógico por su antirromanticismo sería inadecuado. Para
quienes vivimos en estos tiempos extraños, este retorno
—y el puro alivio que con él llega— es sin duda lo importante. Pero en la propia historia de la novela heroica y de
aventuras, una historia que se remonta a la *Odisea* y más
allá, no supone un retorno, sino un avance o una revolución, la conquista de un territorio nuevo.

1. *The Fellowship of the Ring* (1954), primer volumen de la trilogía
El señor de los anillos. Los otros dos volúmenes, *The Two Towers* y
The Return of the King, fueron publicados en 1955. Tolkien revisó
la obra para la edición en tapa dura de 1966. [Hay edición es-
pañola: *La comunidad del anillo*, traducción de Luis Doménech,
Barcelona, Minotauro, 1978; *Las dos torres*, traducción de
Matilde Horne y Luis Doménech (1979); y *El retorno del rey*, tra-
ducción de Matilde Horne y Luis Doménech (1980)].
* Libro de poemas de William Blake publicado en 1789.

Nunca se había hecho algo así. «Una se lo toma —afirma Naomi Mitchison— tan en serio como a Malory».[2] Pero la ineluctable sensación de realidad que experimentamos en *La muerte de Arturo* se debe sobre todo a que aprovecha el gran poso que, siglo a siglo, ha ido dejando la obra de otros hombres. El hallazgo completamente inédito del profesor Tolkien está en conseguir una sensación de realidad comparable a la que consigue de Malory, pero sin ayuda. Es probable que no haya libro en el mundo que suponga un ejemplo tan rotundo de lo que su propio autor ha llamado, en otro escrito, «subcreación».[3] La deuda directa (por supuesto, hay otras deudas más sutiles) que todo autor debe al universo real está aquí deliberadamente reducida al mínimo. No contento con crear su propia historia, el profesor Tolkien crea, con prodigalidad casi insolente, el mundo en que se desarrolla, con su propia teología y sus mitos, geografía, historia, paleografía, lenguas y diversas especies, un mundo «lleno de incontables criaturas extrañas».[4] Los nombres son ya un festín, tanto si tienen resonancias rústicas (Cavada Grande, Cuaderna el Sur) como si son altivos y propios de la realeza (Boromir, Faramir, Elendil), aborrecibles, como Sméagol, que también se llama Gollum, o ceñudos y llenos de fuerza maligna, como Barad-dûr o Gorgoroth; pero son todavía mejores (Lothlórien, Gilthoniel, Galadriel) cuando consiguen encarnar esa penetrante belleza élfica de la cual ningún otro prosista ha conseguido captar tanto.

---

2. «One Ring to Bind Them», *New Statesman and Nation* (18 septiembre 1954).
3. «On FairyStories», en *Essays Presented to Charles Williams* (1947). [Véase nota p. 68].
4. «Prólogo», *La comunidad del anillo*.

Un libro así tiene, cómo no, sus lectores predestinados, que son más numerosos y críticos, incluso en esta época, de lo que se piensa. Para ellos este crítico necesita decir poco, excepto que hay en esta obra bellezas que penetran como espadas o queman como el hierro frío; este es un libro que les romperá el corazón. Y sabrán que esta es una buena noticia, buena sin paliativos. Para que su felicidad sea completa solo necesito añadir que promete ser gloriosamente largo, y es que el ahora publicado es tan solo el primero de tres volúmenes. Pero es una obra demasiado grande para reinar únicamente sobre sus súbditos naturales. Algo hay que decirles a los que «están fuera», a los infieles. Cuando menos, hay que desterrar todo posible malentendido.

En primer lugar, debemos entender, con toda claridad, que aunque *La comunidad del anillo* es la continuación de *El hobbit*, el cuento de hadas de Tolkien, no es, en modo alguno, un libro para niños que han crecido desmesuradamente. En realidad, sucede al contrario. *El hobbit* no es más que un fragmento adaptado para niños, arrancado del enorme mito de Tolkien (y en esa adaptación, de forma inevitable, ha perdido algo). *La comunidad* nos ofrece, por fin, los rasgos de ese mito «en su verdadera y auténtica dimensión». En este sentido, el primer capítulo puede inducir a error fácilmente. En él, el autor (asumiendo cierto riesgo) escribe casi a la manera de su libro anterior, mucho más ligero. Para quienes el cuerpo principal del libro resulta profundamente conmovedor, este capítulo no estará en su lista de favoritos.

Y, sin embargo, hay buenos motivos para un comienzo así y todavía más para el Prólogo, admirable en toda su extensión, que lo precede. Es imprescindible que primero nos empapemos bien de la *hogareñidad*, de la frivolidad, incluso de la vulgaridad (en el mejor sentido de la palabra) de esa grey apacible, casi anárquica y sin ambiciones que componen los hobbits, esas criaturas de rostro «más bondadoso que bello» y «boca apta para la risa y el buen comer»,[5] para quienes fumar es un arte y a quienes gustan sobre todo los libros que les cuentan lo que ya saben. Los hobbits no son una alegoría de los ingleses, pero son, quizás, un mito que solo un inglés (¿o acaso también un holandés?) podría haber creado. El tema central del libro es el contraste entre los hobbits (o «la Comarca») y el terrible destino al que algunos de ellos están llamados, el aterrador descubrimiento de que la rutinaria felicidad de la Comarca, que los mismos hobbits consideran algo normal, es, en realidad, una especie de accidente temporal y local, la constatación de que su existencia depende de la protección de unas potencias que no se atreven a imaginar, de que cualquier hobbit podría verse forzado a abandonar sus tierras y verse atrapado en el gran conflicto que se desarrolla más allá de la Comarca. Más extraño aún es que el desenlace de ese conflicto entre seres más poderosos pueda depender de aquel que es casi el más débil de todos ellos.

Lo que demuestra que estamos ante un mito y no ante una alegoría es que no hay indicadores que permitan al lector una aplicación específicamente teológica, política o psicológica del libro. Un mito orienta a cada lector hacia el reino que más habita. Es una llave maestra que puede usarse en cualquier puerta. Pero en *La comunidad del anillo* hay otros temas igualmente serios.

Por eso no han surgido los frecuentes tópicos que aluden al «escapismo» o a la «nostalgia», ni el típico recelo

5. Ibid.

con respecto a los «universos íntimos». No estamos en Angria,* tampoco soñamos; es una invención sana y despierta, que paso a paso revela la coherencia de la imaginación del autor. ¿Qué sentido tiene llamar «íntimo» a un mundo por el que todos podemos transitar, que todos podemos examinar y en el que hay tanto equilibrio? En cuanto al escapismo, de lo que sobre todo escapamos es de las ensoñaciones de nuestra vida corriente. Ciertamente, no escapamos de la angustia. A mi parecer, y pese a la cantidad de acogedoras chimeneas y a los muchos momentos de alegría que gratifican al hobbit que hay dentro de cada uno de nosotros, la angustia es, casi, la nota dominante. Pero no, como sucede en la literatura más típica en estos tiempos, la angustia de las almas anormales o torturadas, sino la angustia de aquellos que fueron felices antes de que sobreviniera cierta tiniebla y serán felices si viven para verla desaparecer.

Hay nostalgia, desde luego. No la nuestra ni la del autor, sino la de los personajes. Una nostalgia estrechamente ligada con uno de los grandes hallazgos del profesor Tolkien. Cabría pensar que una amplia extensión temporal era lo que menos probabilidades teníamos de encontrar en un mundo inventado. Y con los mundos del *Furioso* y de *Las aguas de las islas encantadas*, de William Morris, uno tiene, en efecto, la incómoda sensación de que no estaban ahí antes de que se alzara el telón. En cambio, en el universo de Tolkien casi no hay lugar entre Esgaroth y Forlindon y entre Ered Mirhtin y Khand en que se puedan apoyar los pies sin remover el polvo de la historia. Salvo en momentos muy raros, ni

---

* Lewis se refiere a los relatos del reino ficticio de Angria, que idearon Charlotte Brontë y su hermano Branwell.

siquiera nuestro propio mundo parece tan consciente de su pasado. Es este uno de los elementos que conforman la angustia que soportan los personajes, angustia que conlleva también una extraña exaltación, porque el recuerdo de las civilizaciones desaparecidas, del perdido esplendor, les aflige y les sostiene al mismo tiempo. Han sobrevivido a la Segunda y a la Tercera Edades; el vino de la vida fue escanciado hace ya mucho tiempo. A medida que leemos, vamos compartiendo su carga y, cuando concluimos, no regresamos a nuestra vida relajados, sino fortalecidos.

Pero en este libro hay todavía más. De vez en cuando, de fuentes sobre las que solo podemos conjeturar y que casi resultan extrañas (o eso pensaríamos) a la imaginación habitual del autor, surgen personajes tan rebosantes de vida (no humana) que, frente a ellos, se diría que nuestra suerte de angustia y nuestra especie de exaltación carecen de importancia. Hablo de Tom Bombadil, de los inolvidables Ents. Que un autor cree algo que ni siquiera parece suyo es sin duda la mayor cumbre de la invención. Después de todo, la *mythopoeia* no es la más sino la menos subjetiva de las actividades.

Incluso ahora lo omito casi todo: la nemorosa frondosidad, las pasiones, las altas virtudes, los remotos horizontes. Ni aunque tuviera espacio podría transmitirlo todo. Y, al fin y al cabo, el atractivo más evidente de esta obra es quizás el más profundo: «también entonces hubo pesar y una amenazadora tiniebla, pero además gran valor y grandes gestas que no fueron completamente en vano».[6] *No completamente en vano...* es el frío punto medio entre la ilusión y la desilusión.

---

6. Ibid., libro I, cap. 2.

Cuando escribí la reseña del primer volumen de esta obra casi no me atrevía a esperar que tendría el éxito que desde mi punto de vista merecía. Por fortuna, el tiempo ha demostrado que me equivocaba. Hay, sin embargo, una crítica falaz a la que es mejor responder: la queja de que los personajes están dibujados en blanco y negro. Puesto que el clímax del primer volumen consistía principalmente en la lucha entre el bien y el mal en la mente de Boromir, no es fácil comprender los motivos de esa queja. Aventuraré una respuesta. «¿Cómo puede un hombre juzgar lo que se debe hacer en una época como esta?», pregunta un personaje en el segundo volumen. «Como ha hecho siempre —le responden—. El bien y el mal no han cambiado [...] no son una cosa para elfos y enanos y otra distinta para los hombres».[7]

Esta es la base de todo el universo de Tolkien. Creo que algunos lectores, viendo (sin que les guste) este marcado contraste entre lo blanco y lo negro, imaginan que lo que han visto es una rígida demarcación entre hombres blancos y negros. Fijándose en los escaques, dan por supuesto (en contra de los hechos) que todas las piezas se mueven como el alfil, confinadas a un solo color. Pero ni siquiera esos lectores pueden negar lo que tan evidente resulta en los dos últimos volúmenes de la trilogía. Los motivos, incluso en aquellos que pertenecen al bando correcto, están mezclados. Los que ahora son traidores con frecuencia comenzaron con intenciones comparativamente inocentes. El heroico Rohan y el imperial Gondor están algo enfermos. Incluso el desdichado Sméagol tiene impulsos bondadosos hasta bien avanzada la historia y, en trágica paradoja, lo que finalmente le empuja al otro lado es el

---

7. *Las dos torres*, libro III, cap. 2.

discurso no premeditado del menos egoísta de todos los personajes del libro.

Cada volumen tiene dos Libros y, ahora que se han publicado los seis, la alta calidad arquitectónica de la novela queda al descubierto. El Libro I plantea el tema principal. El Libro II continúa ese tema, enriquecido con mucho material retrospectivo. Entonces se produce el cambio. En los libros III y V el destino de la comunidad, ahora dividida, se entremezcla con un enorme complejo de fuerzas que se agrupan y reagrupan en torno a Mordor. El tema principal, aislado de esto, ocupa el libro IV y la primera parte del VI (la última parte de este nos ofrece, por supuesto, todas las resoluciones), pero nunca se nos permite olvidar la íntima conexión que guarda con el resto de la trama. Por un lado, el mundo entero entra en guerra y la narración resuena con el tronar de los clarines, los cascos de los caballos y el choque de los aceros. Por otro, muy lejos, unas figuras diminutas reptan (como ratones sobre un montón de escoria) en el crepúsculo de Mordor. Y en todo momento somos conscientes de que el destino del mundo depende mucho más de ese pequeño movimiento que del otro, inmenso. Es esta una invención estructural de primer orden que ensalza enormemente el *pathos*, la ironía y la *grandeur* del relato.

No hay ningún Libro inferior a otro y, si nos pusiéramos a escoger grandes momentos (como el amanecer en el Sitio de Gondor), no acabaríamos nunca. Pero quiero mencionar dos de las excelencias de toda la trilogía, ambas completamente distintas. Una de ellas es, sorprendentemente, su realismo. La guerra de *El señor de los anillos* tiene los mismos matices que la guerra que conoció mi generación. Está todo: el movimiento interminable e ininteligible, la siniestra tranquilidad del frente cuando «todo está preparado», los refugiados, las vívidas y animadas amistades, el telón de fondo de algo parecido a la desesperación frente a la alegría del proscenio, y esas ayudas que el cielo envía a última hora como si *salvara* de la ruina un alijo de tabaco selecto. En otra parte, el autor nos ha dicho que su aprecio por los cuentos de hadas ha entrado en su madurez por medio del servicio activo;[8] sin duda por ello de sus escenas de guerra podemos decir (citando a Gimli, el enano): «Aquí hay buena roca. Este país tiene recios huesos».[9] La otra excelencia que quiero mencionar es que no hay personaje, ni especie, que aparezca únicamente por necesidades de argumento. Todos existen por propio derecho y habría merecido la pena crearlos tan solo por su sabor, aunque hubieran sido irrelevantes. Bárbol habría servido a cualquier otro autor (si es que algún otro hubiera podido concebirlo) para un libro entero. Sus ojos se llenan «de eras de recuerdos y largas, lentas y constantes reflexiones».[10] A lo largo de las épocas su nombre ha crecido con él, de modo que no puede decirlo, y es que, a la altura de la vida en que se encuentra, le llevaría demasiado tiempo pronunciarlo. Cuando sabe que aquello sobre lo que se yerguen es una «colina», se queja de que esta sea «una palabra muy precipitada»[11] para algo que soporta tanta historia.

Hasta qué punto hay que considerar que Bárbol es un «autorretrato del autor» es algo dudoso, pero cuando este oye que algunos quieren identificar el Anillo con la bomba de hidrógeno y a Mordor con Rusia, supongo que le darán ganas de acusarles de hablar con *precipitación*.

---

8. «Sobre los cuentos de hadas».
9. *Las dos torres*, libro III, cap. 2.
10. Ibid., libro III, cap. 4.
11. Ibid.

¿Cuánto tiempo cree la gente que tarda en formarse un mundo como el suyo? ¿Acaso piensan que se puede forjar con tanta rapidez como una nación cambia de Enemigo Público Número Uno o como los científicos modernos inventan nuevas armas? Es muy posible que cuando el profesor Tolkien comenzó a construir su mundo, la fisión nuclear no se hubiera inventado y la encarnación contemporánea de Mordor estuviera mucho más cerca de nuestras playas. Pero el propio texto nos enseña que Sauron es eterno, que la guerra del Anillo es solo una de las miles que habremos de librar contra él. En cada una de ellas haremos bien en temer su victoria definitiva, tras la cual «no habrá más cantos». Una y otra vez tendremos pruebas de que «el viento sopla hacia el este y tal vez esté cerca el fin de todos los bosques».[12] Cada vez que venzamos, sabremos que nuestra victoria es duradera. Si insistimos en preguntar por la moraleja del relato, esa es su moraleja: una llamada de atención frente a un optimismo simplón y un pesimismo lleno de lamentos, un recordatorio de la dura pero no desesperada conciencia de los inalterables peligros y dificultades que ha de atravesar el hombre, de esa conciencia con la cual han vivido todas las edades heroicas. Es aquí donde la afinidad con los mitos nórdicos es más fuerte; el martillo golpea, pero con compasión.

«Pero, ¿por qué? —preguntan algunos— ¿por qué si tienes algún comentario que hacer a la vida real de los hombres has de hacerlo hablando de tu propia y fantasmagórica tierra de nunca jamás?». Porque, respondo, una de las cosas más importantes que quiere decir el autor es que la vida real de los hombres tiene una cualidad

---

12. Ibid.

mítica y heroica, un principio que puede observarse en
su propia creación de personajes. Lo que en una novela
realista se haría a través del «dibujo de los personajes», se
consigue aquí con sencillez haciendo que el personaje en
cuestión sea hobbit, elfo o enano. Los seres imaginados
tienen su interior en el exterior: son almas visibles. Y en
cuanto al hombre como un todo, al hombre enfrentado
al universo, ¿lo hemos visto en alguna parte hasta que
lo vemos como el héroe de un cuento de hadas? Cuando
en el texto de Tolkien, Éomer se apresura a comparar a
«la tierra verde» con las «leyendas», Aragorn le replica
que la misma tierra verde es «un poderoso material de
leyenda».[13]

El mito tiene valor porque toma todas las cosas que conocemos y les devuelve el rico significado que «el velo de
la familiaridad» ocultaba. Al niño le gusta la carne fría
(que no comería de ningún otro modo) cuando finge que
es de un búfalo que ha matado con su propio arco y fle-
chas. El niño es sabio. La carne real le parece más sabrosa
cuando la sazona con una historia, pero podría decirse
que solo entonces es verdadera carne. Si el paisaje de la
realidad te cansa, mírala a través del espejo. Cuando po-
nemos pan, oro, caballos, manzanas o a los propios caminos dentro de un mito, no escapamos de la realidad,
la redescubrimos. Mientras la historia perdure en nosotros, los seres reales serán más ellos mismos. Este libro
aplica ese tratamiento no solo a una manzana o al pan,
sino también al bien y al mal, a nuestros eternos peligros,
a nuestra angustia y a nuestros gozos. Sazonándolos con
el mito, los vemos con mayor claridad, cosa que no creo

---

13. Ibid., libro III, cap. 2.

que el autor pudiera haber conseguido de ninguna otra manera.

El señor de los anillos es demasiado original y demasiado rica, y no se puede pronunciar ningún juicio definitivo tras una primera lectura, pero lo que tras esa primera lectura sí sabemos es que nos ha transformado. Ya no somos los mismos. Y, aunque debemos racionar nuestras relecturas, no tengo la menor duda de que esta obra ocupará muy pronto su lugar entre las indispensables.

Panegírico de Dorothy L. Sayers

LA OBRA DE Dorothy Sayers es tan variada que resulta casi imposible encontrar a alguien que sepa comentarla en su conjunto como se merece. Tal vez Charles Williams pudiera hacerlo; yo desde luego, no. Me resulta embarazoso admitir que no soy un gran lector de novelas policíacas, embarazoso porque, en el presente estado de enconamiento que sufre la conciencia de la clase intelectual, la admisión podría tomarse como una fanfarronada. No lo es en absoluto. Respeto, aunque no me guste mucho, ese género rígido y civilizado que exige un gran trabajo intelectual a aquellos que lo escriben y que tiene como fondo métodos inmaculados y nada brutales de investigación criminal. Los mojigatos han hecho circular el rumor de que, en los últimos años de su vida, Dorothy renegó de sus «ingenios» y odiaba que se los mencionasen. Hace un par de años mi esposa le preguntó si esto era cierto y escuchó con alivio que no lo era. Dorothy dejó de cultivar el género porque tenía la sensación de que ya había hecho todo lo que podía. Supongo que en realidad se había producido un largo proceso evolutivo. He oído decir que *lord* Peter es el único detective imaginario que crece: comienza como hijo de duque, fabuloso donjuán, estudiante aventurero y gran *connoisseur* del vino, y poco a poco va convirtiéndose en un personaje humano, con rarezas y defectos, que se enamora de Harriet Vane, quien también se encarga de cuidarle, y se casa con ella. Muchos críticos protestaron porque, a su juicio, la señorita Sayers se estaba enamorando de su protagonista. Acerca de esto, un crítico mejor que ellos me señaló: «Sería más preciso decir que se estaba desenamorando de él; y que dejó de alentar el sueño de una niña —si es que alguna vez hizo tal cosa— y comenzó a inventar a un hombre».

En realidad no hay ruptura entre sus novelas policíacas y el resto de su producción. En ellas, como en sus demás obras, Dorothy es ante todo la artesana, la profesional. Siempre se vio a sí misma como alguien que había aprendido un oficio, un oficio que respetaba y para el que exigía respeto a los demás. Los que la quisimos podemos admitir, con todo el cariño (y entre nosotros), que esta actitud suya era a veces casi cómicamente enfática. Uno no tardaba en darse cuenta de que con ella «Nosotros, los escritores, señora»[1] era como una llave maestra. La palabrería sobre la «inspiración», las lamentaciones sobre la crítica o los lectores, toda la parafernalia del *dandysme* y la «marginalidad» no servían, creo, más que para incomodarla. Aspiraba a ser, y era, al mismo tiempo una autora popular y una concienzuda artesana parecida (a su nivel) a Chaucer, Cervantes, Shakespeare o Molière. Opino que, con muy pocas excepciones, son solo los escritores como ellos

---

1. Al parecer, esta expresión, atribuida a Benjamín Disraeli, tuvo un efecto balsámico sobre la reina Victoria, quien, en 1868, publicó su propia obra *Leaves from a Journal of our Life in the Highlands*.

los que al final importan. «La grandeza se demuestra —dice Pascal— no por estar en un extremo, sino por estar en los dos extremos simultáneamente». Recogió gran parte de sus ideas más valiosas sobre la escritura en *The Mind of the Maker*, un libro que aun hoy se lee demasiado poco. Tiene defectos, pero los libros sobre el oficio de escribir escritos por autores que han publicado libros valiosos son demasiado raros y demasiado útiles para dejarlos pasar.

Por supuesto, para un cristiano, ese orgullo por el propio oficio, que con tanta facilidad decae y se convierte en vanidad, plantea un problema ferozmente práctico. Es deliciosamente característico de la naturaleza en extremo firme y franca de Dorothy que pronto elevara este problema a un nivel plenamente consciente hasta convertirlo en el tema de una de sus obras mayores. El arquitecto de *The Zeal of Thy House* es, al comienzo de la obra, la encarnación —y por lo tanto, y sin duda, su catarsis— de una posible Dorothy a quien la Dorothy Sayers real ofrecía para su mortificación. El desinteresado celo del arquitecto en su trabajo tiene todas las simpatías de la autora, aunque esta sabe que, sin la gracia, ese celo es una virtud muy peligrosa y poco mejor que la «conciencia artística» que cualquier bohemio torpón aduciría a modo de justificación tras renegar de sus padres, abandonar a su esposa y engañar a sus acreedores. La vanidad moldea el carácter del arquitecto desde el principio; la obra trata de su costosa salvación.

Si las novelas policíacas no se diferencian del resto de su producción, sus obras explícitamente religiosas tampoco. Dorothy nunca mezcló a la artista y a la escritora de éxito con la evangelista. El muy cáustico (y admirable) prefacio de *The Man Born to Be King*, escrito al poco de sufrir buen número de vilipendios cargados de rencor y de ignorancia, clarifica con rotundidad su punto de vista. «Algunos daban por hecho —escribe— que mi objetivo al escribir era "hacer el bien", pero ese no era en modo alguno mi objetivo, aunque sí, y como debía ser, el de aquellos que me encargaban las obras. Mi objetivo era *contar la historia* lo mejor posible y con todos los medios a mi disposición, es decir, elaborar una obra de arte todo lo buena que yo fuera capaz. Porque una obra de arte que no es buena y verdadera *desde el punto de vista del arte* no es verdadera ni buena desde ningún otro punto de vista».[2] Naturalmente, aunque arte y evangelismo fueran cosas distintas, acabaron por requerirse el uno al otro. En este tema, el arte malo iba de la mano de la mala teología. «Dejen que les diga, buenas gentes cristianas, que un escritor honrado se avergonzaría de tratar un cuento para niños como ustedes han tratado el mayor drama de la historia, y esto no en virtud de su fe, sino de sus exigencias».[3] De igual modo, por supuesto, el hecho de que Dorothy negase toda intención de «hacer el bien» fue irónicamente recompensado por la gran cantidad de bien que evidentemente hizo.

Casi nadie cuestionará las cualidades arquitectónicas de esta secuencia dramática. Algunos me han dicho que la consideran vulgar. Quizá no sepan lo que quieren decir, quizá no hayan digerido del todo las respuestas que a esta acusación se dan en el prefacio, o quizá, sencillamente, este no se dirija «a los de su condición». Distintas

---

2. Introducción, *The Man Born to Be King: A Play-Cycle on the Life of Our Lord and Saviour Jesus Christ* (1943), p. 20.
3. Ibid.

almas toman su alimento de distintas vasijas. Por mi parte, la he releído siempre en Semana Santa desde que apareció y en ninguna de esas relecturas ha dejado de conmoverme profundamente.

Dorothy dedicó sus últimos años a la traducción. La última carta que le escribí fue en reconocimiento a su *Canción de Roldán*. Tuve la suerte de decirle que el trabajo, por los versos de cabo roto y el adusto estilo del original, debía de entrañar más dificultades que la traducción de Dante. Su alegría al conocer mi comentario (sin duda, no muy profundo) insinuaba que tenía hambre de críticas racionales. No me parece una de sus mejores obras: es violentamente coloquial, demasiado para mi gusto; aunque, claro, ella conocía el francés antiguo mejor que yo. En su Dante,[4] el problema es distinto. Habría que leerlo junto con el escrito que publicó en *Essays Presented to Charles Williams*.[5] En él puede apreciarse el impacto que tuvo Dante en un espíritu maduro, erudito y extremadamente independiente. Ese impacto determina el carácter de su traducción. Algo de Dante despertó en ella un asombro y un deleite para los que ningún crítico ni ningún traductor anterior la habían preparado: su puro ímpetu narrativo, su frecuente tono hogareño, su alta comedia, sus grotescas bufonadas, son cualidades que quiso preservar a toda costa. Si a fin de lograrlo

---

4. La traducción de la señorita Sayers de la *Divina Comedia* de Dante fue publicada en tres volúmenes: *The Comedy of Dante Alighieri the Florentine. Cantica I: Hell* (1949); *The Comedy of Dante Alighieri the Florentine. Cantica II: Purgatory* (1955); *The Comedy of Dante Alighieri the Florentine. Cantica III: Paradise*, que tradujo con Barbara Reynolds (1962).

5. «... And Telling You a Story»: A Note on The Divine Comedy», *Essays Presented to Charles Williams* (1947).

tuvo que sacrificar cierta dulzura, cierta sublimidad, es que era necesario sacrificarlas. De ahí sus atrevimientos lingüísticos y rítmicos. Pero debemos distinguir esto de algo vergonzoso que en los últimos años es cada vez más frecuente. Me refiero al intento de algunos traductores de griego y latín por hacer creer a sus lectores que la *Eneida* está escrita en una jerga castrense y que la tragedia ática emplea un lenguaje callejero. Lo que tales versiones afirman de forma implícita es sencillamente falso; pero lo que Dorothy trata de reproducir con sus atrevimientos sí está en Dante. La cuestión es hasta dónde se le puede hacer justicia sin menoscabar otras cualidades que también están en la *Comedia* y con ello desvirtuarla tanto en una dirección como el viejo Cary, tan recargado y miltoniano, había hecho ya en la contraria.[6] Al final, supongo, uno debe elegir entre un mal u otro. Ninguna versión puede trasladarnos a Dante al completo, al menos eso me dije cuando leí el *Inferno* de Dorothy. Sin embargo, cuando pasé al *Purgatorio*, pareció ocurrir una suerte de milagro. Dorothy se alzaba, igual que el mismo Dante en su segunda parte, y se hacía más rica, más líquida, más elevada. Fue entonces cuando comencé a albergar grandes esperanzas sobre su *Paradiso*. ¿Continuaría elevándose? ¿Era posible? ¿Era esperar demasiado?

En fin. No pudo concluirlo. Falleció. Se fue, como con toda humildad nos cabe esperar, a aprender más del Cielo de lo que incluso el *Paradiso* podía decirle. Por todo cuanto hizo y era, por deleite e instrucción, por su lealtad militante como amiga, por valor y honradez, por las

---

6. *The Vision: or Hell, Purgatory and Paradise of Dante Alighieri*, traducción de Henry Francis Cary (1910).

cualidades extraordinariamente femeninas que demostró por medio de un porte y una conducta, en apariencia masculinos e incluso jubilosamente ogrescos, demos gracias al Autor que la inventó.

El don mitopoético de Rider Haggard

ESPERO QUE EL excelente *Rider Haggard: His Life and Works* del señor Morton Cohen lleve a la gente a reconsiderar la cuestión Haggard. Porque el asunto es verdaderamente problemático. Los vicios de su estilo son inexcusables, la insulsez (y frecuencia) de sus reflexiones, difícil de soportar. Pero ya no tiene ningún sentido fingir que sus mejores obras no poseen otro valor que el de un efímero éxito comercial. No han perdido vigencia, como las de Ouida, la señora Oliphant, Stanley Weyman o Max Pemberton: al contrario, han sobrevivido a ese clima de opinión que antaño hizo que el imperialismo y sus vagas piedades resultasen aceptables. Ese augurio que prometía un tiempo en que «los feos patios» dejarían «de tener brezo y los halcones de volar»[1] en realidad no ha llegado.[*] Obstinada, escandalosamente, Haggard sigue teniendo lectores y relectores. ¿Por qué?

Para mí, lo significativo es la sensación que tenemos al terminar *Las minas del rey Salomón* o, sobre todo, *Ella*. «Qué

---

[1] J. K. Stephen, «To R. K.», *Lapsus Calami* (1905).
[*] El autor del texto citado hace un juego de palabras con los nombres de Kipling y Rider Haggard. El texto original inglés dice: «*When the Rudyards cease from Kipling and the Haggards ride no more*».

lástima, ojalá...» son las palabras que le vienen a uno a los labios. Qué lástima, ojalá hubiera sido un Stevenson, o un Tolkien, o un William Golding quien hubiera escrito esta historia. Qué lástima, ojalá, *faute de mieux*, me permitieran reescribirla a mí.

Atención: la misma historia exactamente. No es la construcción la que falla. Desde el movimiento de su primer peón hasta el jaque mate final, Haggard suele jugar como un maestro. Sus comienzos —¿qué otra historia del mundo tiene mejor comienzo que *Ella*?— están llenos de seductoras promesas que las catástrofes del autor cumplen de modo triunfal.

La falta de un estudio de personajes detallado no es ningún defecto. Un relato de aventuras ni lo necesita ni lo tolera. Incluso en la vida real tienden las aventuras a difuminar los matices delicados. Las dificultades y los peligros nos desnudan y nos dejan tan solo los principios esenciales de la moral. La distinción entre el vago y el bien dispuesto, el valiente y el cobarde, el fiable y el traicionero, se impone a todo lo demás. Desde el punto de vista del «novelista», el personaje es una flor que se abre del todo cuando está seguro, bien alimentado, seco y caliente. Que las novelas de aventuras nos recuerden esto es uno de sus méritos.

Los verdaderos defectos de Haggard son dos. En primer lugar, no sabe escribir. O, más bien (y esto me lo ha demostrado el señor Cohen), no quiere, no se molesta. De ahí los clichés, las jocosidades, su banal elocuencia. Cuando habla por boca de Quatermain, y hace cierto hincapié en el carácter nada literario del simple cazador, no se le ocurre que lo que escribe en primera persona es mucho peor: es «literario» en el sentido más peyorativo del término.

En segundo lugar, los defectos intelectuales. Tras leer al señor Cohen, nadie puede creerse que Haggard hubiera perdido el contacto con la realidad. Al parecer, sus obras sobre agricultura y sociología constituyen un jugoso conjunto de datos difíciles de obtener y conclusiones bien fundamentadas. Cuando llegó a la conclusión de que la única esperanza para la tierra residía en un plan que iba en contra de sus preferencias políticas y hacía añicos todas las esperanzas que atesoraba para su clase y su familia, recomendó ese plan sin pestañear.

En esto reside su verdadera grandeza, lo que el señor Cohen llama su «firmeza global». Incluso como autor puede a veces ser sagaz, como cuando, en *Ella*, Allan Quatermain no sucumbe a los encantos de Ayesha ni cree sus «falsos» relatos autobiográficos. Haciendo que Quatermain no pierda la cabeza, Haggard demuestra que puede conservar fría la suya.

Sin embargo, y aunque tuviera sentido común, Haggard era por completo ajeno a sus limitaciones, lo cual resulta patético. El autor de *Las minas del rey Salomón* intenta filosofar. Una vez y otra observamos en sus novelas una inteligencia llena de tópicos, armada (o sobrecargada) con una ecléctica impedimenta de conceptos vagamente cristianos, teosóficos y espirituales, que se esfuerza por decir algo profundo de ese tema fatal que es «la Vida». No hay peor ni más embarazosa muestra de esto que las intervenciones de Ayesha. Si es verdad que es hija de la Sabiduría, no ha salido a su madre. Su pensamiento es del tipo «elevado», ese que resulta tan lamentable.

Lo que nos induce a seguir leyendo pese a tantos defectos es, por supuesto, la propia historia, el mito. Haggard es un caso emblemático de puro y simple talento mitopoético: un don aislado, como si hubiera que someterlo a inspección, de casi todas esas potencias literarias más específicas con las que por fortuna coexiste en, por ejemplo, *La balada del viejo marinero, El extraño caso del Dr. Jekyll y Mr. Hyde* o *El señor de los anillos*. Para aclarar todavía más las cosas, en el mismo Haggard la potencia de lo mitopoético parece haber crecido menos a medida que el arte literario mejoraba. *Ayesha* no es como mito tan buena como *Ella*, pero está mejor escrita.

Este don, cuando se tiene en plenitud, resulta irresistible. De él podemos decir, como Aristóteles dijo de la metáfora, que «ningún hombre puede aprenderlo de otro». Es obra de eso que Kipling llamaba «el daemón» o genio personal. Supera todos los obstáculos y hace que toleremos todas las faltas. No le afectan las ideas tontas que el mismo autor pueda tener, una vez que el daemón le ha abandonado, sobre sus propios mitos: en realidad, el autor no sabe más de ellos que cualquier otro hombre. Era una estupidez por parte de Haggard acariciar la creencia de que había «algo en» sus mitos en un sentido real. Pero a nosotros los lectores todo eso no debe preocuparnos.

El carácter mítico de *Ella* es indiscutible. Como todos sabemos, Jung la puso como ejemplo de encarnación de un arquetipo. Pero, en mi opinión, ni siquiera Jung llegó al meollo de la cuestión. Si su punto de vista fuera el correcto, el mito debería funcionar solo en quienes ven en Ayesha una poderosa imagen erótica. Pero lo cierto es que no para todos los que aman *Ella* lo es. Para mí, por ejemplo, Ayesha, como cualquier otra reina de tragedia —cualquier contralto tempestuosa, alta, coronada y de grandes pechos, de trueno en la frente y relámpago en los ojos— es uno de los antiafrodisíacos más eficaces del mundo. En última instancia, la vida del mito está en otra parte.

La historia de Ayesha no es una evasión, pero trata de la evasión, de un intento, enormemente atrevido pero al final frustrado de una forma terrible, de conseguir la gran evasión. Su pariente más cercano, tal vez su hijo, es *El bosque del fin del mundo*, de William Morris, publicado diez años después. Ambas historias exteriorizan las mismas fuerzas psicológicas: nuestra irreconciliable resistencia a morir, nuestro ardiente deseo de una inmortalidad de la carne, nuestro conocimiento empírico de que esta es imposible, nuestra intermitente conciencia de que ni siquiera es deseable, y (a un nivel más profundo que todo esto) la primitiva sensación de que conseguirla sería ilícito y desencadenaría la venganza de los dioses. Ambas obras excitan esa esperanza salvaje, seductora y (así la sentimos) prohibida. Cuando estamos casi a punto de lograrlo, un espantoso desastre hace añicos nuestro sueño. La versión de Haggard es mejor que la de Morris. La heroína de Morris es demasiado humana, demasiado sana. Haggard, más fiel a nuestros sentimientos, envuelve a su solitaria y prometeica protagonista en sufrimiento y horror.

Las mejores obras de Haggard perdurarán porque se basan en un atractivo que queda muy por encima de la señal que marca la marea alta de las modas. No habrá moda lo bastante vigorosa para echarlas abajo. Los grandes mitos serán relevantes mientras duren los problemas de la humanidad, mientras dure la humanidad, y en aquellos que pueden percibirlos siempre darán pie a la misma catarsis.

Haggard perdurará, pero también el odio a Haggard. El rencor con el que los críticos adversos le atacaron en su época tenía, no hay duda, causas temporales y localizadas. Su truculencia es una de ellas. Otra son los naturales celos que el Gigadibs que solo puede escribir un *succès d'estime* siente del escritor que escribe obras «populares», pero también vivas y estimulantes. El autor de un *Gorboduc* siempre reserva un ojo vigilante para los defectos de un *Tamerlán*. Pero había, siempre la hay, una causa más honda. Nadie es indiferente a lo mitopoético. O lo amas, o lo odias «con un odio perfecto».*

Este odio se debe, en parte, a cierta resistencia a conocer los Arquetipos; es un testimonio involuntario de su inquietante vitalidad. Surge, en parte, de la incómoda conciencia de que, cuando encarna un mito real, la ficción más «popular» es mucho más seria que eso que normalmente llamamos literatura «seria». Porque trata de lo permanente e inevitable, mientras que un bombardeo de una hora, o quizás un paseo de quince kilómetros, o incluso una dosis de sales, podrían acabar con muchos de los problemas en los que los personajes de una novela sutil y refinada están inmersos. Léanse las cartas de James y véase lo que le ocurrió en las semanas que siguieron a la ruptura de hostilidades en 1914. Él volvió a reconstruir el universo jamesiano, pero durante un tiempo se hubiera dicho que este había «desaparecido sin dejar rastro».

* El señor Gigadibs es el muy crítico y silencioso personaje al que el protagonista se dirige en el monólogo *Bishop Blougram's Apology*, de Robert Browning. «Gorboduc» es *The tragedy of Gorboduc*, de Thomas Norton (1532-1584) y Thomas Sackville (1536-1608); «Tamerlán» es *Tamerlán el grande*, de Christopher Marlowe (1564-1593). «Con un odio perfecto» es una cita del Libro de los Salmos, salmo 139, versículo 22, en la versión King James.

George Orwell

AHORA QUE LA polémica sobre la emisión televisiva de *1984* de Orwell está amainando, quizá sea oportuno plantear una pregunta que me inquieta desde hace bastante tiempo.[1] ¿Por qué ocurre que, y esto me sucedía ya antes del reciente aluvión publicitario, por cada diez personas que conocen *1984* solo encuentro una que conozca *Rebelión en la granja*?

Se trata de dos libros escritos por el mismo autor y en el fondo se ocupan del mismo tema. Ambos son abjuraciones honradas, honorables y muy amargas. Ambos expresan la decepción de alguien que fue revolucionario —según el familiar modelo de entreguerras— y más tarde comprobó que todos los dirigentes totalitarios, cualquiera que sea el color de su camisa, son enemigos del hombre.

Puesto que el tema nos concierne a todos y muchos comparten la misma decepción, no resulta sorprendente que cualquiera de los dos libros, o los dos, tenga numerosos lectores. Ambos, por lo demás, son obra de un escritor notable. Lo que me sorprende es la marcada preferencia del público por *1984*, porque me parece (aparte

---

1. La BBC televisó una adaptación de *1984* el 12 de diciembre de 1954.

del magnífico y por fortuna independiente Apéndice dedicado a la neolengua) un libro interesante pero muy imperfecto, mientras que *Rebelión en la granja* es la obra de un genio y bien podría sobrevivir a las condiciones particulares y (esperemos) pasajeras que lo han motivado.

Para empezar es, con mucho, el más corto de los dos. Naturalmente, esto por sí solo no demuestra que un libro sea mejor. Sería el último en pensar tal cosa. Por cierto que Calímaco pensaba que un libro largo era un mal libro; claro que, en mi opinión, Calímaco era un necio. Cuando me siento a leer, me gustan las comidas copiosas, despiertan mi apetito. Sin embargo, en este caso el libro más corto parece hacer todo lo que el libro más largo hace, y más. El libro más largo no justifica su mayor extensión, tiene mucha hojarasca. Creo que todos sabemos dónde está esa hojarasca.

En el pesadillesco Estado de *1984* los dirigentes dedican buena parte de su tiempo —lo cual significa que el autor y los lectores también deben dedicarle buena parte de su propio tiempo— a una curiosa clase de propaganda antisexual. De hecho, los amores de los dos protagonistas parecen tanto un gesto de protesta contra esa propaganda como el resultado natural de un afecto o apetito.

Es sin duda posible que los amos de un Estado totalitario consideren que el sexo, tanto como cualquier otra cosa, es una piedra en su zapato y que, por tanto, y como todas las piedras metidas en los zapatos, puede resultar muy molesto. Y, sin embargo, en la particular tiranía de Orwell no vemos nada que haga probable la existencia de esa piedra en particular. Ciertos puntos de vista, ciertas actitudes que a veces introdujeron esa piedra en la bota nazi aquí no aparecen. Peor aún, su insistente presencia en el libro lleva al lector a plantearse algunas preguntas que en realidad no guardan una relación muy estrecha con el tema principal y que, precisamente por ser de interés, distraen mucho su atención.

La verdad, deduzco, es que la piedra llegó al zapato en una etapa anterior (y mucho menos valiosa) del pensamiento del autor. Orwell creció en una época dominada por eso que se llamaba (con gran imprecisión) «antipuritanismo»; un período en que quienes se apuntaban a eso que Lawrence llamó «ensuciar el sexo»[2] se encontraban entre los enemigos habituales de la sociedad. Y deseando mancillar a los villanos todo lo posible decidió lanzar contra ellos esta acusación y sumarla a otros cargos relevantes.

Pero en las obras de ficción es fatal ese principio según el cual cualquier palo es bueno para golpear a un villano. Muchos *malos* prometedores (como, por ejemplo, Becky Sharp) se han echado a perder con la adición de un vicio inapropiado. Todos los pasajes dedicados al tema en cuestión en *1984* me suenan falsos. No lamento que los pasajes eróticos tengan lo que algunos llamarían (con razón o no) «mal olor». O al menos no lamento los malos olores en general, sino el mal olor que desprende lo que suena a falso.

Pero este es solo el ejemplo más claro del defecto que, a lo largo de todo el libro, hace que *1984* sea inferior a *Rebelión en la granja*. Hay en él demasiado de la psicología del autor, demasiada complacencia por lo que siente como hombre, que no está pulido, ni adiestrado por lo que intenta hacer como artista. *Rebelión en la granja* es una obra completamente distinta. En ella todo está proyectado y

---

2. «Pornography and Obscenity», en *Phoenix: The Posthumous Papers of D. H. Lawrence*, ed. Edward D. MacDonald (1936).

distanciado. Se convierte en un mito y se le permite hablar por sí misma. El autor nos muestra cosas odiosas, pero la intensidad de su odio no le hace balbucear ni le embota. La emoción ya no le inhabilita, porque la utiliza por completo, la utiliza para hacer algo.

Una de las consecuencias es que la sátira resulta más efectiva. El ingenio y el humor (ausentes de la obra más larga) están empleados con efectos devastadores. La gran frase «Todos los animales son iguales, pero algunos son más iguales que otros» es más incisiva que todo *1984*.

Es decir, el libro corto hace todo lo que hace el libro largo. Y hace más. Paradójicamente, al convertir en animales a todos sus personajes, Orwell los hace más plenamente humanos. En *1984*, la crueldad de los tiranos es odiosa, pero no trágica; odiosa como un hombre que desuella a un gato vivo, pero no trágica como la crueldad de Regan y Goneril con Lear.

La tragedia exige a la víctima una estatura mínima, pero el héroe y la heroína de *1984* no llegan a ese mínimo. Resultan interesantes únicamente porque sufren, una circunstancia que les basta (Dios lo sabe) para ganarse nuestras simpatías en la vida real, pero no en la ficción. Cuando un personaje central escapa de la nulidad solo porque le torturan es un personaje fallido. Y los dos protagonistas de esta historia son seguramente criaturas tan grises e insignificantes que podrían presentárnoslas una vez a la semana durante seis meses y aun así no nos acordaríamos de ellas.

En *Rebelión en la granja* todo es distinto. La codicia y astucia de los cerdos son trágicas (no meramente odiosas) porque el hombre, el lector, está hecho para preocuparse de todos los animales honrados, bienintencionados e incluso heroicos a los que explotan. La muerte del caballo

Boxer nos conmueve más que todas las elaboradas cruel-dades del libro largo. Y no solo conmueve, sino que ade-más convence. En este punto y pese a la máscara animal, tenemos la impresión de estar en el mundo real. Así, como esas catervas de cerdos tragones, fieros perros y heroicos caballos, así es la humanidad: muy buena, muy mala, muy honorable, muy digna de compasión. Si los hombres solo fueran como son en *1984*, casi no merecería la pena escribir historias sobre ellos. Es como si Orwell no pudiera verlos hasta que los metió en una fábula.

Por último, *Rebelión en la granja* es formalmente casi perfecta. Es ligera, fuerte, equilibrada. No hay ni una sola frase que no contribuya al conjunto. El mito dice todo lo que el autor quiere que diga y (y esto es igualmente importante) no dice nada más. *Rebelión en la granja* es un *objet d'art* tan perdurable y satisfactorio como una oda de Horacio o una silla Chippendale.

Por eso me resulta tan descorazonador que *1984* haya alcanzado mayor popularidad. La extensión, por su-puesto, tiene algo que ver. Los libreros dicen que esa clase de libros no vende. Y hay razones nada desdeñables. El lector de fin de semana quiere algo que le dure hasta la noche del domingo; el viajero quiere algo que le dure hasta Glasgow.

Además, *1984* pertenece a un género que en la actua-lidad está más popularizado que la fábula de animales, me refiero a ese género de lo que pueden llamarse «dis-topías», esas visiones de pesadilla sobre el futuro que quizá comenzaron con *La máquina del tiempo* y *Cuando el durmiente despierta*, de H. G. Wells. Me gustaría pensar que estos motivos son suficientes. Ciertamente, sería alar-mante tener que llegar a una de estas dos conclusiones: o que el uso de la imaginación ha decaído tanto que los

lectores exigen en toda obra de ficción una superficie
realista y no son capaces de considerar una fábula, sea del
tipo que sea, como algo más que literatura «infantil», o
bien que las escenas de cama de *1984* son el aderezo sin el
cual ninguna obra puede venderse en nuestra época.

La muerte de las palabras

CREO QUE FUE la señorita [Rose] Macaulay quien, en uno de sus deliciosos artículos (fuertes y ligeros como alambre de acero), lamentaba que en los diccionarios siempre aparecen palabras «que ahora solo se usan en el mal sentido» y nunca o casi nunca palabras que «ahora solo se usan en el buen sentido». Desde luego, es cierto que casi todos nuestros términos injuriosos fueron en su origen palabras descriptivas; el término «villano» definía la situación legal de un hombre mucho antes de que pasara a denunciar su catadura moral. Al parecer, la especie humana no se contenta con las palabras meramente desaprobatorias. Más que decir que un hombre es deshonesto o cruel o indigno de confianza, insinuamos que es ilegítimo, o joven, o inferior en la escala social o algún tipo de animal; que es «un esclavo y un palurdo», un *bastardo*, un *plebeyo*, un *bufón*, un *perro*, un *puerco* o (más recientemente) un *niño*.

Pero yo dudo de que la cosa se quede ahí. Son pocas, en efecto, las palabras que alguna vez fueron insultos y ahora se emplean como halago —«demócrata» es la única que me viene a la cabeza—, pero sin duda hay palabras que ya solo tienen un significado *meramente* elogioso, términos que antaño tuvieron un significado definible y que ahora no son más que vagos signos de aprobación. El ejemplo más claro es la palabra «caballero». En el pasado, «caballero» se limitaba (como «villano») a definir una condición social y heráldica. Que Snooks fuera un caballero o no era cuestión casi tan soluble como la de si era abogado o licenciado en Humanidades. La misma pregunta planteada hace cuarenta años (y entonces se planteaba muy a menudo) no admitía solución. El término había adquirido un significado meramente laudatorio y hacía referencia a unas cualidades que variaban de un momento a otro incluso en la mentalidad del mismo hablante. Esta es una de las formas en que mueren las palabras. Un hábil médico de palabras diagnosticaría que la enfermedad es ya mortal en el preciso instante en que el término en cuestión comience a alojar los adjetivos parásitos «verdadero» o «auténtico». Mientras «caballero» tenga un significado claro, bastará con decir «Fulano es un caballero». Cuando empecemos a decir «es un auténtico caballero» o «es un verdadero caballero» o «es un caballero como es debido», podemos estar seguros de que a la palabra no le queda mucho tiempo de vida.

Quiero arriesgarme, por tanto, a ampliar la observación de la señorita Macaulay. La verdad no es tan simple como que muchas palabras originalmente inocentes tienden a adquirir un mal sentido. El vocabulario de la adulación y el insulto aumenta continuamente a expensas del vocabulario de la definición. De igual modo que los caballos viejos van al matadero o los barcos destartalados al desguace, las palabras ajadas pasan a engrosar la larguísima lista de sinónimos de «bueno» o «malo». Y mientras la mayoría de la gente desee más expresar sus gustos y aversiones que describir los hechos, esta continuará siendo una de las verdades universales del lenguaje. En estos momentos, la enfermedad avanza con mucha rapidez. Las palabras «abstracto» y «concreto» fueron acuñadas a fin de establecer una distinción muy necesaria para el pensamiento, pero solo las personas verdaderamente instruidas continúan comprendiendo esa distinción. En el lenguaje coloquial, «concreto» significa ahora algo parecido a «claramente definido y con posibilidades de llevarse a cabo»; se ha convertido en un término laudatorio. «Abstracto» (en parte por contaminación fonética con «abstruso») significa «vago, impreciso, insustancial»; se ha convertido en un término apropiado para el reproche. En boca de muchos hablantes, «moderno» ha dejado de tener un significado cronológico; se ha «hundido en el buen sentido», de modo que muchas veces significa poco más que «eficiente» o (en algunos contextos) «amable»; dicha por esos mismos hablantes, la expresión «barbaridades medievales» [*medieval barbarities*] no hace referencia a la Edad Media o a esas culturas que clasificamos como bárbaras. Significa, simplemente, «crueldades grandes o inicuas». «Convencional» no puede utilizarse ya en su sentido más propio sin añadir una explicación. «Práctico» es un término meramente aprobatorio; y, para ciertas escuelas de crítica literaria, «contemporáneo» es poco más que eso.

Salvar una palabra del abismo laudatorio o desaprobatorio es tarea digna del esfuerzo de todos aquellos que amamos la lengua inglesa. Se me ocurre un término, «cristiano», que en estos momentos se encuentra al borde de ese abismo. Cuando los políticos hablan del «modelo moral *cristiano*» [*Christian moral standards*], no siempre están pensando en algo que pueda distinguir a la moralidad cristiana de la moralidad confuciana, estoica o benthamita. Con frecuencia, uno tiene la sensación de que no se trata más que de una variante literaria de los «epítetos embellecedores» que, en nuestra jerga política, la expresión «modelo moral» parece requerir; «civilizado» (otra palabra arruinada) o «moderno» o «democrático» o «ilustrado» también podrían servir. Pero sería muy molesto que la palabra «cristiano» se convirtiera, simplemente, en sinónimo de «bueno». Porque alguien, alguna vez —aunque solo fueran los historiadores—, tendría que utilizar esa palabra en su sentido más propio, ¿y entonces qué haría? Este es siempre el problema de dejar que las palabras se precipiten hacia el abismo. En cuanto «cochino» [*swine*] se convirtió en un insulto, hizo falta un nuevo término («cerdo» [*pig*]) para referirse al animal. Hace tiempo dejamos que «sadismo» menguara hasta convertirse en un sinónimo inútil de «crueldad», ¿y ahora qué hacemos cuando queremos referirnos a esa muy especial perversión que padecía el marqués de Sade?

Es importante advertir que el peligro que corre la palabra «cristiano» no proviene de sus enemigos declarados, sino de sus amigos. No fueron los igualitarios, sino los admiradores oficiosos de la elegancia y las buenas maneras los que mataron la palabra «caballero». El otro día se me ocurrió decir que ciertas personas no eran cristianas y un crítico me espetó que cómo me atrevía a afirmar tal cosa cuando soy incapaz (por supuesto que lo soy) de leer sus corazones. Yo había empleado la palabra con la intención de referirme a esas «personas que profesan la fe en las doctrinas específicas del cristianismo»; mi crítico quería que la emplease en lo que él calificaría (con gran precisión) de «sentido mucho más profundo», tan profundo que ningún observador humano podría decir a quién se aplica.

¿Y no es ese sentido más profundo también más importante? Lo es, sin duda, igual que era más importante ser un *auténtico* caballero que llevar cota de malla. Pero el sentido más importante de una palabra no siempre es el más útil. ¿Dónde está la ventaja de ahondar en una de las connotaciones de una palabra si la privamos de todas sus denotaciones factibles? A las palabras, como a las mujeres, se las puede «abrumar (o matar) por un exceso de atenciones». Y cuando, por mucha reverencia con que lo hagamos, hemos matado una palabra, también hemos, hasta donde nos ha sido posible, emborronado en nuestro intelecto eso que la palabra designaba en su origen. Los hombres no continúan pensando por mucho tiempo en aquello que ya no saben cómo decir.

El Partenón y el optativo

«EL PROBLEMA DE estos chicos —empezó el viejo, adusto y clásico profesor levantando la vista de los insustanciales exámenes de ingreso que acababa de corregir—… El problema de estos chicos es que sus profesores les han hablado mucho del Partenón, cuando de lo que deberían haberles hablado es del optativo». Todos supimos lo que quería decir. Nosotros también habíamos leído exámenes como aquellos.

Desde entonces he tendido a emplear el Partenón y el optativo como símbolos de dos tipos de educación. Uno comienza con materias difíciles y áridas como la gramática, las fechas y la prosodia, y ofrece al menos la oportunidad de que el alumno acabe por apreciar algo que es igualmente difícil pero ni mucho menos tan árido. El otro empieza por lo de «apreciar» y termina en falsos halagos. Cuando el primero falla, habrá conseguido, en el peor de los casos, enseñar al alumno lo que es el conocimiento. Puede que entonces el alumno decida que el conocimiento no le interesa, pero al menos sabrá que no le interesa, y sabrá que no lo tiene. Sin embargo, la otra no fracasa más estrepitosamente que cuando triunfa. Enseña a un hombre a creerse vagamente culto cuando en realidad continúa siendo un burro, le hace creer que disfruta de

173

poemas que no puede interpretar, le autoriza a comentar libros que no comprende y a ser intelectual sin intelecto. Trastoca la distinción entre certeza y error.

Y, sin embargo, muchas personas que poseen una cultura real y la aman recomiendan a menudo la enseñanza tipo Partenón. Les impulsa una especie de falsa reverencia a las musas.

Lo que valoran por ejemplo en literatura les parece tan delicado y espiritual que no pueden soportar ver cómo (en su opinión) se degrada al entrar en contacto con asistentes tan mecánicos y burdos como paradigmas, pizarras, notas y exámenes. Ante una pregunta típica de examen —«Sitúe en su contexto cinco de los elementos que mencionamos a continuación y, si es necesario, añada una explicación»— replican: «¿Qué tiene eso que ver con el verdadero espíritu de *La tempestad*? ¿No sería mejor enseñar a los chicos a *apreciarla*?».

Solo que aquí se produce un profundo malentendido. Esos bienintencionados educadores tienen mucha razón al pensar que el aprecio por la literatura es algo muy delicado. Lo que no parecen entender es que, por esa misma razón, los exámenes elementales sobre materias literarias deberían limitarse únicamente a las preguntas frías y objetivas que ellos ridiculizan con tanta frecuencia. Porque con estas preguntas jamás se tuvo intención de evaluar el mayor o menor aprecio del alumno por una materia: la idea era averiguar si el chico había leído o no el libro en cuestión. Es la lectura, no el examen, lo que debe hacerle bien. Y esto, lejos de ser un defecto de ese tipo de exámenes, es precisamente lo que los hace útiles o incluso tolerables.

Tomemos ahora un ejemplo de una esfera superior. Un examen sencillo, objetivo, sobre las Escrituras es, en

el peor de los casos, un asunto inofensivo. Ahora bien,
¿quién podría superar un examen que tratase de averiguar si los candidatos se *salvan* y, en consecuencia, proporcionase algunos créditos para conseguir un aprobado en Santidad? Este ejemplo guarda cierto parecido
con la situación de las asignaturas literarias. Díganle al
alumno que se estudie a fondo un libro y luego háganle
unas cuantas preguntas para ver si lo ha hecho. En el mejor de los casos, es posible que haya aprendido a disfrutar
de un gran poema (y es que lo habrá hecho de una manera inconsciente). Si no lo ha disfrutado, por lo menos
habrá realizado un buen trabajo y ejercitado la memoria
y el raciocinio. Y, en el peor de lo casos, no le hemos causado ningún perjuicio, no hemos toqueteado su alma ni
chapoteado en ella, no le hemos enseñado a ser ñoño ni
hipócrita. En cambio, un examen elemental que intente
evaluar «las aventuras del alma en su viaje por los libros»
es algo muy peligroso. Porque en ese caso se apela a la
manifestación, a la *interpretación* pública, a la exhibición,
de algo que los chicos obsequiosos, si se les espolea, intentan fingir, y los listos remedan, y los tímidos esconden, de algo que muere al entrar en contacto con la venalidad, y se les alienta a expresarlo a esa edad en que no es
más que una impresión tímida y semiconsciente y menos
capaz de soportar tanta introspección.

Con cuánta facilidad puede esa falsa reverencia ir
en contra de sus propósitos se puede comprobar en el
Informe Norwood.[1] Los que elaboraron este documento

---

1. El Informe Norwood, llamado así porque su máximo responsable era *sir* Cyril Norwood, se titula en realidad *Curriculum and Examination in Secondary Schools: Report of the Committee of the Secondary School Examinations Council Appointed by the President of the Board of Education in 1941* [Currículo y exámenes de las

desean abolir los exámenes externos de la asignatura de Inglés en los colegios. Aducen que la literatura es «algo muy sensible y huidizo» y que esos exámenes solo tocan su «borde más áspero». Si se detuvieran en esto, y aunque no acierto a entender por qué hay que tocar el borde más áspero de nada, podría estar en parte de acuerdo con ellos. Hay mucho que decir respecto al hecho de excluir la literatura del programa de estudios de los colegios. No estoy seguro de que el mejor modo de conseguir que a un chico le gusten los poetas ingleses no sea el de prohibirle leerlos y a continuación asegurarse de que le sobren oportunidades para desobedecer. Pero no es esto lo que el Informe pretende. El Informe pretende que el aprecio por la literatura se enseñe. Pretende incluso que esa enseñanza se evalúe, aunque no por personas ajenas. «El mismo profesor —afirma— puede calibrar su éxito, aunque también puede hacerlo alguno de sus colegas inmediatos que le conozca bien».

Es decir, hay que continuar con cierto tipo de examen. El Informe propone dos reformas: a) el examen debe ocuparse de la esencia «sensible y huidiza» de la literatura y no de su «borde más áspero»; y b), y para que nos entendamos, todo debe quedar en familia. Los maestros tienen que «calibrar» su propio éxito o el de alguno de sus compañeros. No alcanzo a comprender qué cabe esperar de esta segunda novedad. En cualquier materia, el objetivo de los exámenes externos no es otro que conseguir una crítica imparcial de una persona competente pero independiente y que no tenga prejuicio alguno respecto

---

escuelas secundarias: informe del Comité del Consejo de Exámenes de la Escuela Secundaria designado por el presidente de la junta de Educación en 1941].

a alumnos o profesores. En contraposición directa a esto, el Informe Norwood no solo pretende que los profesores sean examinados por alguno de sus colegas, sino por alguien «que los conozca bien». Supongo que esto está relacionado con el hecho de que la literatura es una materia «sensible y huidiza», pero lo cierto es que, por mucho que me esfuerce, no veo de qué modo establece el Informe esa relación. No creo que quiera decir que puesto que la materia es especialmente dócil a los exámenes objetivos (a diferencia de las demás asignaturas) hay que evaluarla en condiciones en que la objetividad resulte idealmente difícil. El señor A (que acaba de licenciarse en Inglés con el doctor Lewis en Cambridge) da lo mejor de sí mismo —con una apreciación puramente subjetiva de su curso—. Los chicos malos le toman el pelo y los chicos *buenos* se estudian bien lo que dice y lo reproducen. El resultado final es tan difícil que sería complicado para cualquiera juzgarlo con objetividad. Pero la solución consiste en que lo enjuicie el señor B, que ha vivido a partir un piñón con el señor A durante trece semanas y ha aprendido apreciación en Londres, con W. P. Ker. Y entretanto, nadie sabe si los alumnos han entendido o no lo que ha escrito el autor en cuestión —porque este y no otro es en realidad el «borde más áspero»—, cuando esto es algo que mucha gente podría evaluar con tolerable precisión y a los chicos se les habría ahorrado toda esa gimnasia espiritual que se han visto obligados a hacer bajo la atenta mirada de sus examinadores. Y es que los exámenes de toda la vida son mejores.

Por supuesto, todos conocemos a muchas de esas personas que dicen que serían grandes lectores de poesía si «no se la hubieran estropeado» en el colegio, «enseñándosela» para aprobar los viejos exámenes de antes.

Teóricamente, esto es posible, claro. Quizás ahora serían santos si nadie les hubiera hecho un examen sobre las Escrituras. Quizá serían héroes o estrategas si no hubieran pasado por la academia militar. Quizá, pero ¿por qué debemos creerles? Su palabra es la única prueba que tenemos. ¿Y cómo lo saben?

Críticas de épocas

HACE UNOS DÍAS, nada más abrir *The Listener* me topé con un artículo sobre Chesterton que había escrito el señor James Stephens. El artículo me pareció poco generoso e incluso injusto.[1] Stephens acusa a Chesterton sobre todo de dos cosas: de que expone demasiado (según parece, el señor Stephens opina que la poesía es un asunto estrictamente íntimo) y de que se ha quedado «anticuado». Quizá no sea necesario discutir aquí la primera acusación, al menos no extensamente. El señor Stephens y yo nos encontramos en lados opuestos de una misma y bien conocida frontera, aunque he de confesar que el lado del señor Stephens es el más popular en el momento presente. Sin embargo, me sigue pareciendo que el peso de las pruebas cae sobre aquellos que llaman «íntimas» a composiciones que sus autores han hecho todo lo posible por multiplicar mediante la impresión y que se anuncian y ponen a la venta en las librerías. Es este un modo muy extraño de proteger la propia intimidad. Pero esta cuestión puede esperar. No creo que a Chesterton le preocupara gran cosa. Y tampoco creo que la máxima según la cual cualquier poesía que recibe una aceptación amplia

---

1. «The "Period Talent" of G. K Chesterton», *The Listener* (17 octubre 1946).

e inmediata (como la de Eurípides, Virgilio, Horacio, Dante, Chaucer, Shakespeare, Dryden, Pope o Tennyson) es una poesía «rústica» o vulgar hubiera ofendido a un hombre que no deseaba nada tanto como la recuperación del ideal de vida campesino. Pero la cuestión de la «caducidad» continúa en el aire.

Es muy difícil resistirse a invertir los términos, no preguntar si hay algún escritor que huela más inequívocamente a una época en particular que el propio señor Stephens. Si esa peculiar mezcla de mitología y teosofía —de Pan y Aengus, de duendes y ángeles, de la reencarnación con los pesares de Deirdre— no retrotrae a un hombre al mundo de lady Gregory, a AE,[*] a la segunda etapa de Yeats e incluso al señor Algernon Blackwood, es que la palabra «época» no tiene en realidad ningún sentido. Casi ningún libro escrito en nuestro siglo puede ser tan anticuado en función de sus evidencias internas como *La olla de oro*.[2] También podríamos replicar a la curiosa sugerencia del señor Stephens de que las novelas policíacas contribuyeron de alguna forma a provocar la primera guerra alemana (un delito del que Chesterton es notorio culpable), y es que sería igualmente verosímil buscar los orígenes de la ideología nazi en los elementos orgiásticos de la obra del señor Stephens: en el culto a Pan, en la revuelta contra la razón (simbolizada en el viaje, encarcelamiento y rescate del filósofo) o en la figura de «el hombre más feo». Y no costaría mucho sostener que la base teológica de las obras de ficción de Chesterton está algo menos anticuada que la mezcla de ocultismo serio y

---

[*] George William Russell (1867-1934).

[2]. James Stephens, *La olla de oro* (1912), *The Demi-Gods* (1914), *Here Are Ladies* (1913), *Deirdre* (1923).

Crepúsculo Celta (Yeats afirmaba que practicaba la magia) que, sin que lo podamos evitar, adscribimos al señor Stephens. Pero aunque hacer todo eso sería fácil, no merece la pena.

Demostrar que el señor Stephens se ha quedado anticuado no equivale a demostrar que Chesterton es perenne. Y para mí hay otra razón para no responder al señor Stephens con un *argumentum ad hominem*. Pese a todo, me gustan sus libros. El señor Stephens ocupa en mi panteón particular un lugar inferior al de Chesterton, pero tan seguro como el suyo. Es inferior a él porque la proporción de hojarasca de *La olla de oro*, *The Demi-Gods* y *Here Are Ladies* (*Deirdre* no la tiene) me parece superior a la de *Caballo blanco*, *El hombre que fue jueves* o *La hostería volante*.[3] Creo que los largos párrafos que las obras del señor Stephens dedican a lo que en Boston solía llamarse «Trascendentalismo» son malos, e incluso a veces disparatados. Pero es que ese tipo de literatura siempre ha sido mala, con independencia de la época en que haya sido escrita. Por otro lado, sus gigánticos (y, *en el estricto sentido de la palabra*, rabelaisianos) efectos cómicos —el arresto del Filósofo o las aventuras *post mortem* de O'Brien y la moneda de tres peniques— son inagotables. También lo es el personaje del admirable *pícaro* Patsy MacCann. Y el Asno. Y la descripción de la naturaleza: los árboles que se yerguen sujetando con fuerza sus hojas en mitad del viento, o el cuervo que dice: «Soy el demonio de un cuervo». No puedo abandonar al señor Stephens. Si alguien escribe un artículo tonto y desdeñoso para decir que el del señor Stephens es un talento solo propio «de su época», me

---

3. G. K Chesterton, *La balada del caballo blanco* (1911), *El hombre que fue jueves* (1908), *La hostería volante* (1914).

enfrentaré a él mientras quede en mi pluma una sola gota de tinta.

Lo cierto es que toda crítica que se concentre en fechas y períodos —como si la mejor manera de clasificar a los lectores fuera por grupos de edad— resulta confusa e incluso vulgar. (Con esto no quiero decir que el señor Stephens sea vulgar. Un hombre que no es vulgar puede, sin embargo, hacer algo vulgar, como queda muy bien explicado en la *Ética* de Aristóteles). Es vulgar porque apela al deseo de estar al día, deseo que solo puede servir a los modistos. Es confuso porque mezcla las distintas formas en que un hombre puede pertenecer a «su época».

Que un hombre pertenece a su época puede decirse en sentido negativo. Es como decir que se ocupa de cosas que no tienen un interés permanente, sino que solo parecen de interés a causa de alguna moda pasajera. De ahí que los poemas de Herbert en forma de cruces y altares estén «anticuados»; de ahí, quizá, que los elementos ocultistas de la escuela céltica estén «anticuados». Es muy probable que un hombre llegue a quedar «anticuado» de esta forma precisamente porque ansía todo lo contrario, es decir, ser «contemporáneo»; y es que adaptarse a los tiempos es acabar donde acaban los tiempos. Por otro lado, un hombre puede quedarse «anticuado» en el sentido de que sus formas, su ambientación, su parafernalia esté, pese a expresar asuntos de interés permanente, adscritos a una época en particular. En este sentido, los mejores escritores son a menudo los más anticuados. Nadie es más inconfundiblemente antiguo y aqueo que Homero, más escolástico que Dante, más feudal que Froissart, más isabelino que Shakespeare. *The Rape of the Lock* es una pieza de época perfecta (pero nunca obsoleta). *El preludio* tiene el aroma de su tiempo. *Tierra baldía* lleva los años veinte impresos en cada verso. Incluso el Libro de Isaías revelará a un estudiante atento que no fue compuesto en la corte de Luis XIV ni en la moderna Chicago.

La verdadera cuestión es en qué sentido es Chesterton un escritor de su época. Gran parte de su obra, admitámoslo, corresponde al efímero género periodístico: está anticuada en el primer sentido. Sus pequeños libros de ensayos son ya de un interés principalmente histórico. Hay que buscar el equivalente de estos trabajos, no en las novelas del señor Stephens, sino en los artículos que este publica en *The Listener*: Pero se me antoja que las obras de ficción de Chesterton ocupan un lugar muy distinto. En composición, por supuesto, son muy ricas. El antigermanismo de *La balada del caballo blanco* pertenece a la tonta y transitoria herejía histórica del señor Belloc, quien, desde un punto de vista intelectual, ejerció una influencia muy perniciosa sobre Chesterton. En las novelas todo —las espadas camufladas, los coches de caballos, los anarquistas— nos retrotrae a un Londres real y a un Londres imaginario (el de *Las nuevas mil y una noches*) ya desaparecidos. Sin embargo, ¿cómo es posible no ver que lo que se nos transmite a través de todos estos elementos es algo permanente y no adscrito a época alguna? ¿No encarna el tema central de *La balada* —el muy paradójico mensaje que Alfredo recibe de la Virgen— la sensación, la única posible, con la que en cualquier época los hombres que están a punto de caer derrotados toman las armas que les quedan y se levantan para vencer? En el nadir de la última guerra, una poeta muy distinta aunque exquisita (la señorita Ruth Pitter) tocó de forma inevitable e inconsciente la misma nota con el verso:

Todo, excepto las esperanzas divinas y desesperadas,
se hunde y ya no existe.

Por eso en los terribles días que siguieron a la caída de Francia, un viejo amigo (que estaba a punto de ingresar en la R. A. F.) y yo comenzamos de pronto a citarnos, una tras otra, estrofas de *La balada*. No cabía decir otra cosa.

Sucede lo mismo con los relatos. Lean de nuevo *La hostería volante*. ¿Se ha quedado obsoleto *lord* Ivywood? Ese político doctrinario, aristocrático y sin embargo revolucionario, inhumano, valeroso, elocuente, convierte las traiciones más viles y las más abominables opresiones en periodos que resuenan por su elevada magnanimidad. ¿Es eso obsoleto? ¿No se apaciguan las inquietudes de cualquier periodista joven cuando sigue los pasos a Hibbs However? O lean otra vez *El hombre que fue jueves*. Comparemos esta obra con la de otro buen escritor, Kafka.

¿Estriba la diferencia, simplemente, en que uno está «anticuado» y el otro es contemporáneo? ¿O en que si bien ambos ofrecen una vigorosa descripción de la soledad y el estupor que cada uno de nosotros sufrimos en nuestra (aparentemente) solitaria lucha frente al universo, Chesterton, atribuyendo al universo una máscara más complicada y admitiendo que en la lucha hay tanta exaltación como terror, es más rico y más equilibrado y en este sentido más clásico, más permanente?

Voy a decirle al señor Stephens a quién se parece el hombre que en esos relatos no ve otra cosa que una pieza «de época» del período eduardiano. Se parece a un hombre que, tras echar un vistazo a una de sus propias novelas, *Deirdre* (sin duda el libro mejor y casi perfecto de los muchos libros buenos de su autor), y ver los nombres de

los personajes (Connohar, Deirdre, Fergus, Naoise), mur-
murase: «Otro de los viejos libros del Abbey Theatre»; y
no siguiera leyendo. Si el señor Stephens es demasiado
modesto para replicar que ese hombre supuesto es un
idiota, yo lo haré por él. Ese hombre sería un notable imbécil; un imbécil en primer lugar porque no le gustará el
primer Yeats; un imbécil en segundo lugar por suponer
que todos los libros que tratan un mismo tema deben de
ser como el primer Yeats; y un imbécil en tercer lugar por
perderse una de las mejores narraciones heroicas, uno de
los *pathos* más disciplinados y una de las prosas más lim-
pias que ha conocido nuestro siglo.

Gustos distintos en literatura

UNA VEZ MÁS he estado pensando en el conflictivo dilema de las diferencias en eso que llamamos «gusto», aunque creo que, si diéramos a las connotaciones de la palabra «gusto» la importancia que merecen, el problema quedaría resuelto. Si de verdad pensásemos que elegir entre Tolstói o a la señorita Ruby M. Ayres* es lo mismo que optar entre una cerveza negra o una rubia, no discutiríamos o, cuando menos, no lo haríamos en serio. Lo que ocurre es que, en el fondo, no es eso lo que pensamos. Podemos afirmarlo en el fragor de la discusión, pero ni siquiera nosotros nos lo creemos. La idea de que en arte algunas elecciones son mejores que otras no se nos va de la cabeza. Esta idea, en conflicto con el hecho de que en este ámbito, al parecer, no existen análisis objetivos, es la raíz del problema.

No creo que vaya a resolver el problema con un artículo, pero últimamente he estado pensando si no seremos nosotros los que dificultamos innecesariamente la cuestión por partir de cierta tergiversación inicial. Es muy frecuente que un escritor dé por supuesto que algunas personas disfrutan del arte malo exactamente del

---

* Ruby M. Ayres fue una prolífica autora de novelas románticas (1881-1955).

mismo modo que otras disfrutan del arte de calidad. Esto es lo que yo pongo en duda. Y lo que sostengo es que, en cierto sentido verificable, el arte malo nunca surte efecto en nadie.

Pero primero debo explicar qué entiendo por «arte malo». Si para el lector arte malo son, por ejemplo, *El anillo del nibelungo*, *Marmion* y Sullivan, de antemano admito que la teoría que voy a avanzar no funcionará. Es preciso bajar un poco el nivel y meter en el saco del arte malo esos productos que ni siquiera tienen en cuenta las personas que consideran seriamente la cuestión, pero que atruenan desde las radios, llenan las bibliotecas itinerantes y cuelgan de las paredes de los hoteles. La tergiversación que quiero atacar es la afirmación de que algunas personas disfrutan de *esas* cosas tanto como otras disfrutan el arte de calidad: por «esas cosas» entiendo tanto los poemas de la señorita Ella Wheeler Wilcox como el último éxito de la música popular, e incluiría también algunos carteles, pero desde luego no todos.

Naturalmente, no hay duda de que estas cosas gustan *de algún modo*. Las radios tienen oyentes, las novelas se venden, los poemas se compran. Pero ¿qué pruebas tenemos de que ocupen en la vida de alguien el lugar que el arte de calidad ocupa en las vidas de aquellos que lo aman? Observe el lector al hombre a quien le gusta la música mala mientras la oye. Disfruta con ella y es capaz de oír su canción favorita varias veces al día, pero no deja de hablar mientras la escucha. Participa: silba, marca el ritmo con los pies, baila por toda la habitación o utiliza el cigarrillo o la taza de café a modo de batuta. Y cuando la música cesa, o antes de que cese, ese hombre está ya hablando con usted de otra cosa. Me refiero a cuando la interpretación o la emisión radiofónica cesan; cuando la música *cesa* en otro sentido, cuando esa canción o esa melodía pasan de moda, ese hombre no vuelve a pensar en ellas excepto, quizá, como curiosidad.

En literatura resulta todavía más fácil definir las características del «consumidor» de arte malo. Es posible que ese consumidor (o consumidora) desee con todas sus fuerzas su ración diaria de ficción y lo pase realmente mal si se le niega. Pero nunca relee. No hay distinción más clara entre quien ama la literatura y quien no. Es infalible. Quienes aman la literatura releen, los demás se limitan a leer. Una vez leída, una novela es para ellos como el periódico de ayer. Podemos depositar alguna esperanza en alguien que no ha leído la *Odisea*, o a Malory, o a Boswell, o *Pickwick*, pero ninguna (en lo que respecta a la literatura) en el hombre que afirma que los *ha leído* y cree que con eso zanja la cuestión. Igual podría decir que se ha lavado una vez, o ha dormido una vez, o ha besado una vez a su esposa, o ha salido una vez a dar un paseo. Si la mala poesía se relee o no (en cualquier caso, gravita sospechosamente hacia el cuarto de invitados) no lo sé. Pero el hecho de no saberlo es ya significativo. Y es que quienes compran mala poesía no la mencionan en las conversaciones. Uno nunca ve a dos de sus lectores tratando de pisarse las citas, ni preparándose para una velada de buena conversación sobre su libro favorito. Y lo mismo sucede con un mal cuadro. El comprador dice, sin duda sinceramente, que le parece precioso, tierno, hermoso, delicioso o (más probablemente) «bonito». Pero lo cuelga donde no se puede ver y no vuelve a mirarlo.

En todo esto vemos, no hay duda, los síntomas de un verdadero deseo de arte malo; un deseo que, sin embargo, no es ni parecido a la necesidad que tienen los hombres de un arte de calidad. Lo que los aficionados al arte malo

desean —y obtienen— es algo que sirva de acompaña-
miento a su vida, algo que llene sus momentos extraños,
un *equipaje* para el maletero de la mente o un poco de *fibra*
para su estómago. No es cuestión de *disfrute*, de una experiencia que, como la hoja de un cuchillo, puede remode-
lar la mente entera, dar pie a ese «temblor espectral y sagrado», y hacer que un hombre, como le sucedió a Pepys
con la «música [de un instrumento] de viento», se sienta
«enfermo de verdad» —«igual que cuando me enamoré
de mi esposa», afirma Pepys—. El placer que se experimenta ante el arte malo no es un reflejo en un contexto
desafortunado del placer que sentimos ante el arte de calidad. El deseo de arte malo es un deseo nacido del hábito
y, como el deseo de fumar del fumador, más marcado por
la extrema *malaise* de su carencia que por la intensidad de
su disfrute.

Por tanto, nuestras primeras experiencias en el disfrute del arte no rivalizan con los placeres rutinarios que
hemos conocido hasta entonces. Cuando, de pequeño,
pasé de *Lays of Ancient Rome* (esta obra no es, ni de lejos,
lo bastante mala para que lo que pretendo decir quede
claro, pero tendrá que servir: en la biblioteca de mi padre
eran escasos los libros verdaderamente malos) a *Sohrab* y
Rustum,[1] ni mucho menos tuve la impresión de estar ex-
perimentando, en calidad o cantidad, un placer distinto
al que ya conocía. Fue más como si de repente, cierto día,
un armario que hasta ese momento no tenía más valor
que el de permitirme colgar los abrigos, me permitiera
acceder al jardín de las Hespérides; como si cierto alimento que hasta el momento solo has probado porque te
gustaba su sabor te permitiera (como la sangre de dragón)

---

1. Poema narrativo de Matthew Arnold (1822-1888).

entender el lenguaje de los pájaros; como si el agua, además de saciar la sed, se convirtiera de pronto en un producto tóxico. Descubrí que aquel viejo y familiar fenómeno conocido como «poesía» podía emplearse, insistía en ser empleado, con un propósito enteramente nuevo. Este tipo de transformaciones suelen simplificarse con frases como «al niño ha empezado a gustarle la poesía» o «al niño ha empezado a gustarle la buena poesía». Lo que en realidad sucede es que lo que antes no era más que uno de tantos pequeños placeres de la vida —no muy distinto al de tomar un caramelo de café con leche— cobra relevancia y te envuelve hasta caer «enfermo de verdad» (como dice Pepys), hasta que te estremeces y padeces la fiebre y el temblor de los amantes.

Sospecho, por tanto, que no deberíamos afirmar, sin más, que a unos hombres les gusta el arte malo y a otros el arte bueno. El error está en el verbo «gustar». A partir de los usos del verbo francés *aimer* podría inferirse que un hombre «ama» a una mujer como «ama» el golf y a raíz de ello comparar ambos *amores* en términos de «gusto». En realidad, hemos sido víctimas de una broma del lenguaje. Lo que deberíamos decir es que a algunos hombres les gusta el arte malo y que, además, el arte de calidad suscita una reacción que no podemos definir con la palabra «gustar». Y deberíamos añadir que es posible que el arte malo jamás haya dado pie a una reacción como esa.

¿Jamás? ¿No hay libros que (en la juventud) hayan inspirado en nosotros el mismo éxtasis que he descrito y que más tarde nos parezcan malos? Hay dos respuestas. En primer lugar, si la teoría que estoy sugiriendo se cumple en la mayoría de los casos, merece la pena considerar si las aparentes excepciones no son solo eso, aparentes. Es posible que todos los libros que han hecho mella en algún lector, por joven que este sea, encierren algo bueno y, en segundo lugar pero esto debo dejarlo para la semana que viene.

La semana pasada apunté que el arte malo nunca se disfruta como se disfruta el arte de calidad. El arte malo nos «gusta», pero nunca nos asombra, cautiva o abate. Ahora bien, afirmar esto plantea una dificultad. Nadie ha expuesto el problema mejor que el señor Forrest Reid, un artista excelente y sin embargo olvidado. En su pequeña autobiografía, *Apostate*, describe cuánto disfrutó cuando, de niño, leyó *Ardath*, de la señorita Marie Corelli. Pese a su edad, la última parte le pareció «tan mala» que debilitó la impresión que le había dejado el resto del libro. Sin embargo, esa impresión no se borró. Ya de adulto y en una decisión seguramente muy sabia, el señor Reid no se arriesgó a releer la obra. Temía que lo que antes era magnífico ahora le pareciera «vulgar; las apasionantes aventuras, ahora melodramáticas; su lirismo, una burda acumulación de efectos». Y sin embargo, añade el señor Reid (y quizá no haya hombre con tan pocas posibilidades de engañarse al respecto), no tiene sentido «fingir que lo que yo sentía no era un gozo de tipo estético. Lo era. Esa es la cuestión», afirma, y aporta una suposición importante: «Lo que entonces leí fue la *Ardath* que imaginó la señorita Corelli; lo que ahora leería sería la *Ardath* mucho menos espléndida que en realidad escribió».

Es posible que este diagnóstico no sea correcto. El señor Reid pudo imaginar la *Ardath* de la autora, pero también es posible que imaginara su propia *Ardath*. Es decir, en realidad, tal vez disfrutó de una composición embrionaria propia estimulada por las insinuaciones que encontró en el libro. Pero no es necesario decidirse entre estas dos posibilidades. En un caso o en otro, la cuestión es que el señor Reid disfrutó del libro no por lo que realmente era, sino por lo que no era. Es algo que ocurre a menudo cuando el lector supera en imaginación al autor y es, además, joven y nada crítico. A un niño que se encuentra en el primer despertar de su imaginación, el más burdo cuadro de un galeón le basta. En realidad, apenas *ve* el cuadro. En cuanto sus ojos se fijan en él, el niño está ya a miles de kilómetros, los labios le saben a sal, mueve la cabeza arriba y abajo, y las gaviotas se le acercan anunciando la cercanía de tierras ignotas.

Lo que no puedo admitir es que esto invalide completamente el principio de que el arte malo nunca nos cautiva. Es posible que sí invalide la utilización de ese principio como vara de medir, pero, tanto mejor, debemos asegurarnos de que existe una distinción real entre lo bueno y lo malo, de que lo que llamamos «progresos del gusto» no son tan solo fluctuaciones sin importancia. En cada caso en particular no es tan necesario que ni siquiera sea deseable saber con certeza quién se equivoca y quién tiene razón. Pero que existan milagros (como ese que para el señor Reid no era resultado de las palabras de la señorita Corelli, sino que *residía* en ellas) no invalida ese principio. En el espejismo disfrutamos de lo que no está, es decir, de lo que nosotros mismos imaginamos o, tal vez, recordamos de otras obras mejores de las cuales la obra que estamos leyendo sirve de recordatorio. Lo cual es algo muy distinto de lo que le sucede a la gran masa a la que le «gusta» el arte malo o lo «aprecia». Los aficionados a la poesía sentimental, a las malas novelas, a la mala pintura y a las melodías sin más valor que el de ser pegadizas suelen disfrutar precisamente de lo que sí está. Y su disfrute, como he argumentado, no es en modo alguno comparable al que otras personas obtienen del arte de calidad.

Es tibio, trivial, marginal, dictado por la costumbre. No les causa *problemas*, no les hechiza. Llamarlo igual —disfrute— que al arrobamiento de un hombre ante una gran tragedia o una música exquisita es poco menos que una broma del lenguaje. Sigo manteniendo que aquello que nos cautiva y transporta siempre es bueno. En los espejismos lo bueno no está donde suponemos que está, es decir, en el libro o en el cuadro. Pero el espejismo puede ser bueno en sí mismo, igual que un oasis es bueno aunque se encuentre a cien kilómetros de distancia y no en el próximo valle, que es donde lo ve el viajero. Seguimos sin tener pruebas de que las cualidades del arte malo puedan suscitar en alguien lo que el arte de calidad nos suscita a algunos. Y no es que el arte malo no cause ninguna satisfacción, es que esa satisfacción es de un tipo muy distinto. Pero si, de acuerdo a ciertas definiciones filosóficas, es probable que ambas sean de carácter estético, lo importante es que a nadie le *importa* o le *afecta* el arte malo como a algunos nos importa o nos afecta el arte de calidad.

Si esto es así, no estamos realmente ante dos experiencias artísticas que rivalicen entre sí y entre las cuales tengamos que optar a fin de «educar el gusto», o no en el nivel que yo estoy considerando. Más allá de ese nivel, cuando eliminemos lo que todo aquel que hace crítica considera malo, surgirá el problema de la crítica. Podemos decidir que Berlioz es inferior a Bach o que Shelley es inferior a Crashaw. Pero yo sugiero que cualquier obra que haya propiciado alguna vez el disfrute intenso y extático de una persona —cualquier obra que haya sido *importante* de verdad— ha entrado ya en el círculo y que la mayor parte de eso que llamamos «arte popular» ni siquiera ha sido nunca candidato a entrar en ese círculo. Porque nunca lo ha pretendido, porque sus seguidores no han querido que lo haga, porque estos no conciben que el arte pueda ser importante o que ser importante sea su objetivo.

Desde este punto de vista, los criterios que definirían el arte de calidad serían puramente empíricos. No hay examen externo, pero tampoco hay error. Y voy más lejos. Yo sugeriría que en las discriminaciones críticas más sutiles —aquellas que solo comienzan una vez dentro del círculo— siempre intervienen (y con motivo) criterios estéticos. Por lo tanto, el lector puede decirme que lo que se experimenta al oír el preludio de *Parsifal* por primera vez es inferior a lo que se siente al oír la música de la *Pasión* de Bach. Estoy seguro de que tiene razón. Pero no creo que eso quiera decir, o debiera querer decir, que Wagner es arte malo en el sentido en que decimos que gran parte de la música popular lo es. Wagner está dentro del círculo. Cuando yo era un muchacho no valoraba igual *Parsifal* que las canciones de comedia musical que solía tararear. Entre ambas cosas no había competencia posible. Cuando calificamos la música de Wagner de «mala» (de un modo mucho más elevado y sutil) tenemos en cuenta consideraciones técnicas o morales (en los círculos artísticos, estas últimas suelen estar veladas para aquellos que las emplean). Quien escucha a Wagner puede condenarlo por banal, u obvio, o fácil (desde un punto de vista técnico) o por vulgar, o sensual, o bárbaro (desde un punto de vista moral). Y creo que tendría mucha razón. Lo único que yo digo es que ninguno de estos criterios es necesario, ni de hecho se emplea, en nuestra distinción preliminar entre arte «real» o «de calidad» o «serio» y lo que evidentemente es arte «malo» o (meramente) «popular». El arte malo nunca ha competido con el arte de calidad. Wagner es «bueno» por la sencilla razón de que puede llegar a ser lo más importante que suceda en la vida de un muchacho durante un año o más. Después de eso, que cada uno decida lo que quiera. La «calidad», en el sentido al que me estoy refiriendo, ha quedado establecida.

Algunas personas confusas no pueden comprender de qué modo podemos saber si un axioma, como, por ejemplo, el de que las cosas son iguales a sí mismas, es cierto o no. Podría no serlo si el intelecto encontrase, en este tema, alguna proposición alternativa. Pero es que no existe tal proposición alternativa: puede haber una frase que parece (gramaticalmente) una proposición, pero que no lo es (porque si la pronuncias, en tu cabeza no ocurre nada). De igual modo, no hay experiencia alternativa a la del arte de calidad. Las experiencias que nos ofrece el arte malo no son del mismo tipo. El mundo está tan lleno de gente que extrae de *The Monarch of the Glen*, de Compton Mackenzie, lo que uno extrae de Tintoretto, como de gente que se emborracha con agua. Yo también podría suponer que el breve parpadeo de curiosidad que, al pasar junto a un campo de críquet, me hace detenerme para ver cómo lanzan la siguiente bola es como el delirante interés de la muchedumbre que asiste a un partido de fútbol.

Sobre la crítica

ME PROPONGO HABLAR de las maneras en que un escritor que además cultiva la crítica literaria puede mejorar como crítico leyendo las reseñas de su propia obra. Pero debo delimitar el tema un poco más. Solía pensarse que una de las funciones del crítico era ayudar a los autores a escribir mejor. Se suponía que sus elogios y censuras debían mostrarles dónde y cómo triunfaban o fallaban para que, la próxima vez y aprovechando el diagnóstico, pudieran corregir sus faltas y potenciar sus virtudes. Esto es lo que Pope tenía en mente cuando dijo: «Utiliza a todos tus amigos… y a todos tus enemigos». Pero no es de esto de lo que quiero hablar. De ese modo, no hay duda, el autor-crítico podría sacar provecho, como crítico, de las reseñas de su obra crítica. Pero de lo que yo quiero ocuparme es de cómo puede aprovechar, como crítico, las reseñas de aquellas obras suyas que no pertenecen al género crítico (poemas, obras de teatro, relatos o lo que sea); de lo que puede aprender sobre el arte de la crítica cuando la crítica le escoge a él; de cómo puede, a partir del tratamiento que reciben sus obras de ficción, convertirse en un crítico mejor o menos malo de las obras de ficción escritas por otros. Porque lo que pretendo demostrar es que, cuando es tu propia obra la que es objeto de crítica, te encuentras, en cierto sentido, en una posición especialmente ventajosa para detectar la calidad o falta de calidad de esa crítica.

Esto puede parecer paradójico, pero, naturalmente, todo gira en torno a mis reservas, *en cierto sentido*. Por supuesto, en otro sentido puede decirse que no hay hombre menos cualificado para juzgar las reseñas de un libro que su autor. Evidentemente, el autor no puede juzgar la valoración de las reseñas de su obra, porque no es imparcial. Y tanto si esto le lleva, ingenuamente, a dar por buenas todas las críticas laudatorias y a condenar todas las críticas desfavorables, como si, en su esfuerzo por no ser parcial, le lleva a poner las cosas patas arriba (lo que es exactamente lo mismo) y subestimar a todo aquel que le elogia y admirar a aquellos que le censuran, lo cierto es que se trata de un factor de perturbación. De ahí que, si por crítica entendemos únicamente la valoración de una obra, ningún hombre pueda juzgar las críticas que reciben sus libros. En realidad, sin embargo, la mayoría de lo que llamamos «literatura crítica» abarca bastantes cosas además de la valoración. Esto es especialmente cierto tanto de las reseñas de periódicos y revistas como de las críticas incluidas en los libros dedicados a la historia de la literatura, porque todas ellas deberían, y normalmente lo procuran, informar a sus lectores además de orientar su juicio. Ahora bien, si los críticos se ocupan de la valoración de una obra, yo sostengo que el autor puede ver los méritos y deméritos de la crítica mejor que nadie. Y creo que, si el autor además es crítico, puede aprender de los críticos a emular los primeros y a evitar los segundos, a no cometer con las obras de los autores muertos los mismos errores que se cometen con la suya.

Espero que quede claro que al hablar de lo que creo que he aprendido de mis propios críticos no intento hacer, en modo alguno, lo que podría llamarse una «respuesta a la crítica». De hecho, esto sería incompatible con lo que en realidad pretendo. Algunos de los críticos que más culpables encuentro de los vicios que voy a mencionar me hicieron reseñas completamente favorables; uno de los más severos que he tenido estaba, a mi juicio, libre de ellos. Supongo que todo autor habrá tenido la misma experiencia. Los escritores, no hay duda, pecamos de amor propio, pero este no siempre tiene que ser tan voraz como para abolir toda discriminación. Creo que los elogios fatuos de un tonto manifiesto pueden herir más que cualquier menosprecio.

Hay un defecto crítico del que debo librarme cuanto antes porque no forma parte de mi verdadero tema: me refiero a la falta de honradez. Según he podido observar, el mundo literario moderno no contempla la honradez más estricta ni siquiera como ideal. Cuando yo era un escritor joven y desconocido a punto de conseguir mi primera publicación, un amigo amable me dijo: «¿Tienes dificultades con las reseñas? Yo puedo hablar de ti a ciertas personas [...]». Es casi como si antes de un examen final, alguien dijera a un estudiante: «¿Conoces a los profesores que te van a examinar? Yo podría hablarles muy bien de ti». Años más tarde, otro hombre que me había hecho una crítica muy tibia me escribió una carta (aunque yo no le conocía) en la que me decía que en realidad opinaba que mi libro era mucho mejor de lo que se deducía por su reseña, «Pero, naturalmente —afirmaba—, si lo elogiaba más, Fulano de Tal no me habría publicado». En otra ocasión, alguien me atacó desde un periódico llamado X. Poco después esa persona escribió un libro. El director de X me ofreció reseñar ese libro precisamente a mí. Seguramente, solo pretendía enemistarnos públicamente a la otra persona y a mí para mayor diversión de los lectores y a fin de incrementar las ventas. Pero incluso si aceptamos la posibilidad más favorable, esto es, si pensamos que este director tenía una idea un tanto burda de eso que llaman deportividad y se dijo: «A ha ido por B, así que ahora es justo dar a B la oportunidad de ir por A»; incluso en ese caso es evidente que no tiene la menor idea de lo que significa ser honrado con los lectores, gracias a los cuales se gana la vida. Sus lectores tienen, cuando menos, derecho a la honradez, es decir, a una crítica imparcial y no sesgada, y el director no pudo pensar que yo era la persona idónea para juzgar ese libro con imparcialidad. Pero resulta todavía más molesto que siempre que cuento esta historia alguien me replique —con suavidad, sin ningún énfasis— con la siguiente pregunta: «¿La escribiste?». En mi opinión, esto es insultante, porque no comprendo que una persona honrada pueda hacer otra cosa que lo que hice: rechazar la impropia propuesta de aquel director. Por supuesto, su intención no era insultarme. Este es precisamente el problema. Cuando un hombre da por supuesto que soy un bellaco con la intención de insultarme, no le doy gran importancia, tal vez esté enfadado. Es cuando lo asume sin la menor sospecha de que puede ofender a alguien, cuando revela que ignora que en algún tiempo hubo modelos de comportamiento para los que esa actitud podía resultar insultante, cuando me parece que un abismo se abre bajo mis pies.

Si excluyo la cuestión de la honradez de mi tema principal, no es porque me parezca poco importante. En realidad, me parece trascendental. Si llega alguna vez un momento en que la honradez de los críticos se dé por supuesta, creo que los hombres considerarán el presente estado de cosas como ahora consideramos nosotros aquellos países o épocas en que aceptar sobornos era algo generalizado entre jueces o examinadores. El motivo de que despache la cuestión tan brevemente es que quiero hablar de las cosas que, espero, he aprendido de mis propios críticos, y esta no es una de ellas. Mucho antes de convertirme en escritor me dijeron que uno no debe contar mentiras (ni siquiera por *suppressio veri* o *suggestio falsi*) ni aceptar dinero por hacer algo y luego, en secreto, hacer otra cosa muy distinta. Me gustaría añadir, antes de abandonar esta cuestión, que no debemos juzgar a estos críticos corruptos con demasiada severidad. Mucho hay que perdonar a un hombre que desempeña una profesión corrupta en unos tiempos corruptos. Sin duda se puede condenar al juez que acepta sobornos en una época o lugar donde todos aceptan sobornos, pero no tanto como al juez que lo hace en una civilización más sana.

Y ahora vuelvo a mi tema principal.

Lo primero que he aprendido de mis críticos no es la necesidad (algo que en principio todos daríamos por supuesto), sino la extrema singularidad, de ese trabajo preliminar concienzudo que toda labor crítica debería exigir. Me refiero, por supuesto, a una lectura cuidadosa de aquello que uno critica. Esto puede parecer demasiado obvio para detenerse en ello. Si lo sitúo en primer lugar es precisamente porque es obvio y también porque espero que ilustre mi tesis de que en algunos sentidos (por supuesto que en otros no) el autor no es el peor, sino el mejor juez de sus críticos. Aunque pueda ignorar el valor de su obra, es al menos un experto en su contenido. Cuando has planificado y escrito y reescrito un libro y has leído las pruebas dos o más veces, sabes lo que hay en él mejor que ninguna otra persona. Al decir «lo que hay en él» no estoy hablando en sentido metafórico o sutil (en ese sentido, puede que no haya «nada en él»), sino que me refiero, sencillamente, a que el autor sabe qué palabras hay en su obra y cuáles no. A no ser que ya hayas sido objeto de unas cuantas críticas, te resultará casi increíble el número de críticos que no han hecho un trabajo preliminar concienzudo. Y no me refiero solo a los críticos adversos. Hasta cierto punto, a estos los entendemos. Tener que leer a un autor que es para ti como un mal olor o un dolor de muelas es una tarea muy dura. Cómo saber si un hombre ocupado se limita a leer por encima un libro porque le resulta desagradable y quiere pasar lo antes posible al mucho más agradable ejercicio del insulto y la denigración. Sin embargo, nosotros, los profesores, leemos los más aburridos, aborrecibles e ilegibles exámenes antes de poner las notas; y no porque nos guste, ni siquiera porque pensemos que las respuestas son dignas de ello, sino porque hemos aceptado un salario por hacerlo. En realidad, sin embargo, los críticos laudatorios demuestran un desconocimiento del texto equiparable. También ellos prefieren escribir a leer. A veces, y esto sucede con ambos tipos de reseñas, el desconocimiento no se debe a la pereza. Muchas personas empiezan por pensar que saben lo que vas a decir y creen sinceramente que han leído lo que esperaban leer. Sea por la razón que sea, lo cierto es que, cuando eres objeto de críticas frecuentes, acabas por darte cuenta de que te elogian o te condenan por decir lo que no has dicho y por no decir lo que sí has dicho.

Por supuesto, es cierto que un buen crítico puede formarse una idea correcta de un libro sin leer todas y cada una de sus frases. A esto es quizás a lo que Sidney Smith se refería cuando dijo: «No se debe leer un libro antes de reseñarlo. Solo sirve para que te formes prejuicios». Pero no estoy hablando de las valoraciones basadas en una lectura imperfecta, sino de falsedades concretas sobre lo que contiene o no contiene. Por supuesto, las afirmaciones negativas son particularmente peligrosas para el crítico perezoso o apresurado. Y aquí todos los críticos tenemos una lección que aprender. Un solo pasaje de *The Faerie Queene* puede justificar la afirmación de que Spenser hace esto o lo otro algunas veces, pero solo una lectura exhaustiva y una memoria infalible podrán justificar que digamos que nunca hace aquello otro. Esto todo el mundo lo comprende. Lo que se nos escapa más fácilmente es la negativa que esconden algunas afirmaciones aparentemente positivas, como, por ejemplo, las que contienen el adjetivo «nuevo». Alguien dice, a la ligera, que algo que hicieron Donne o Sterne o Hopkins era nuevo, y al decirlo afirma también, negativamente, que nadie lo había hecho antes. Sin embargo, esto queda fuera del alcance de nuestro conocimiento o, más rigurosamente, del conocimiento de cualquiera. De igual modo, las cosas que todos podemos decir acerca del crecimiento o desarrollo de un poeta implican a veces la afirmación negativa de que no escribió nada más que lo que ha llegado hasta nosotros (que es algo que nadie sabe). No hemos visto el contenido de su papelera: si lo hubiéramos hecho, lo que nos parece un cambio brusco de estilo entre el poema A y el poema B quizá no resultara ser tan brusco.

Sería un error cerrar este capítulo sin decir que, pese a lo que pueda suceder con los críticos de prensa, los críticos académicos me parecen mejores que nunca. Los días en que Macaulay podía afirmar, sin consecuencias, que en *The Faerie Queene* se narraba la muerte de la Bestia de las Cien Bocas, o en que Dryden se atrevía a comentar que

Chapman había traducido la *Ilíada* en alejandrinos han pasado a la historia. En conjunto, ahora hacemos nuestros deberes bastante bien. Aunque todavía no sean perfectos. Sobre las obras más oscuras todavía circulan entre los críticos algunas ideas que no han sido verificadas por medio de la lectura. En mi poder tengo una prueba personal y divertida de ello: el ejemplar de la obra de cierto prolífico poeta, que perteneció a un gran estudioso. Al principio tenía la impresión de haber encontrado un tesoro. La primera y la segunda páginas estaban llenas de notas interesantes y muy eruditas, escritas en una letra legible y aseada. La tercera página tenía menos notas; después, y durante el resto del primer poema, no había nada. Todo el libro estaba igual: las primeras páginas de cada poema anotadas; el resto, como nuevas. «Hasta las entrañas de esta tierra» siempre, y no más lejos.* Y sin embargo, este estudioso se atrevió a comentar al poeta en cuestión.

Esta es, por tanto, la primera lección que me han enseñado mis críticas. Y de ella, naturalmente, puede extraerse otra lección: que nadie intente ganarse la vida como crítico a menos que no le quede otro remedio. Ese fatal desconocimiento del texto no siempre es fruto de la pereza o de la mala intención. Puede ser la consecuencia de una derrota a causa de una carga intolerable. Vivir día y noche con esa insalvable montaña de libros recién publicados (la mayoría poco agradables) que se acumula en tu mesa, verse impelido a decir algo cuando no tienes

---

* «*Thus far into the bowels of the land*». Es una cita de Ricardo III, de William Shakespeare (V, 2). Pertenece a un parlamento de Richmond, que antes de la batalla de Bosworth, donde matará a Ricardo, se dirige a sus hombres para agradecerles el largo y difícil camino que han recorrido.

nada que decir, trabajar siempre con retraso... la verdad es que hay mucho que perdonar a alguien tan esclavo. Aunque, por supuesto, afirmar que algo es excusable es confesar que necesita excusa.

Ahora voy a referirme a otra cosa que me interesa mucho más. Es el principal pecado que detecto en las críticas y creo que a todos nos resultará muy difícil desterrarlo de nuestra obra crítica. Casi todos los críticos tienden a imaginar que saben de un libro muchos datos relevantes que en realidad no saben. El autor, es inevitable, percibe su ignorancia porque él (y normalmente solo él) sí conoce los hechos. Este vicio crítico puede adoptar formas muy distintas.

1. Casi todos los críticos dan por supuesto que escribiste tus libros en el mismo orden en que se han publicado y poco antes de su puesta en venta. Buen ejemplo de esta suposición son las recientes reseñas de *El señor de los anillos*, de Tolkien. La mayoría de los críticos supusieron (lo que ilustra un vicio distinto) que la obra debía de ser una alegoría política y muchos de ellos, que el Anillo Único tenía que «ser» la bomba atómica. Cualquiera que conociese la verdadera historia de la composición del libro sabía que esto no solo no era cierto, sino que además era imposible, cronológicamente imposible. Otros dieron por sentado que la mitología de la novela se derivaba del cuento para niños de Tolkien, *El hobbit*. Sin embargo, los amigos del autor sabían que esto también era falso. Pero, por supuesto, nadie censura a los críticos por no saber estas cosas. ¿Cómo iban a saberlas? El problema es que no saben que no saben. Hacen una suposición y la ponen por escrito sin darse cuenta siquiera de que es una suposición. Aquí, ciertamente, la advertencia a todos los que somos críticos es muy clara y llamativa. Los críticos

de *Piers Plowman* y *The Faerie Queene* elaboran gigantes-
cas hipótesis sobre la historia de estas composiciones.
Naturalmente, todos deberíamos admitir el carácter
conjetural de esas hipótesis. Pero al ser conjeturas, podría preguntarme el lector, ¿no tienen algunas de ellas
probabilidad de ser ciertas? Tal vez, pero mi experiencia como autor objeto de críticas me lleva a pensar que
esa probabilidad es muy pequeña. Y es que, cuando conoces los hechos, te das cuenta de que, con frecuencia,
esas hipótesis son completamente erróneas. Según parece, sus probabilidades de ser ciertas son pocas incluso
cuando están elaboradas con sensatez. Por supuesto, no
olvido que el crítico (como es natural) no ha dedicado al
estudio de mi libro el tiempo que el erudito ha dedicado
a Langland o a Spenser. Pero yo tenía derecho a esperar
que esto se viera compensado por ventajas de las que él
dispone y al erudito le faltan. Después de todo, vive en mi
misma época, está sometido a las mismas corrientes de
opinión y fluctuaciones del gusto, y ha tenido el mismo
tipo de educación. No puede evitar saber mucho de mi
generación, mi época y los círculos en que probablemente me muevo: los críticos son buenos en esta clase de
cosas y se toman gran interés por ellas. Incluso es posible
que él y yo tengamos amistades comunes. Sin duda, está
al menos en tan buena posición para averiguar cosas sobre mí como cualquier estudioso para saber cosas de los
que ya murieron. Y, sin embargo, rara vez acierta en sus
deducciones. Por esta razón no puedo evitar la convicción de que suposiciones similares sobre los autores ya
fallecidos nos parecen plausibles solo porque los muertos no pueden refutarlas. Y también estoy convencido
de que una conversación de cinco minutos con Spenser
o con Langland podría deshilachar ese tejido tan bien

hilvanado. Y advierta el lector que en todas estas conjeturas el error del crítico ha sido más bien gratuito. Ha descuidado eso por lo que le pagan, y que quizá podría hacer, por hacer algo distinto. Su oficio consiste en ofrecer información sobre el libro que reseña y juzgarlo. Las suposiciones sobre la historia de su composición quedan lejos de su cometido. Y, a este respecto, estoy seguro de que mi opinión es imparcial. Las historias imaginarias que se han escrito sobre mis obras no siempre son ofensivas. A veces son incluso laudatorias. No tengo nada en contra de ellas excepto que no son ciertas y que, aunque lo fueran, serían irrelevantes. *Mutato nomine de me.* Debo aprender a no hacer lo mismo que con los muertos y, si arriesgo una conjetura, debe ser con pleno conocimiento, y con una clara advertencia a mis lectores de que es una posibilidad remota, con más probabilidades de no ser cierta que de serlo.

2. Otro tipo de crítico que también especula sobre la génesis de tu libro es el psicólogo aficionado. Tiene una teoría freudiana de la literatura y presume de saberlo todo sobre tus inhibiciones. Sabe qué deseos no admitidos quieres complacer. Aquí, por supuesto, uno no puede declarar, en el mismo sentido que antes, que conoce todos los hechos. Por definición, no eres consciente de las cosas que el crítico se precia de descubrir. Por lo tanto, cuanto más te esfuerzas por desautorizarle, más razón le das; aunque, curiosamente, admitir que está en lo cierto también equivale a darle la razón. Y existe otra dificultad. Aquí, uno no puede evitar la parcialidad tan fácilmente, porque este procedimiento está casi por entero limitado a los críticos hostiles. Y, ahora que lo pienso, rara vez he visto que se practicase sobre un autor ya fallecido si no era por algún estudioso que, al menos

en cierta medida, pretendiera desacreditarle. Esto puede ser significativo en sí mismo. Y no sería descabellado señalar que un profesional juzgaría suficiente la prueba en que esos psicólogos aficionados basan sus diagnósticos. Aunque no hayan tumbado a su autor en el diván, ni escuchado sus sueños, ni tengan su historial clínico. Pero aquí solo me preocupa lo que el autor pueda decir de ese tipo de reseñas porque es el autor. Seguramente, por mucho que ignore su subconsciente, sabe algo más que los críticos del contenido de su mente consciente. Pese a ello verá cómo pasan por alto lo que (para él) son los motivos conscientes y obvios de algunos elementos. Si los críticos los mencionasen y a continuación los descartasen calificándolos de «racionalización» del autor (o paciente), quizá tuvieran razón, pero el caso es que ni se les pasa por la cabeza. Nunca se dan cuenta de por qué, en razón de la estructura de la historia, de la naturaleza del arte narrativo, tal episodio o imagen (o lo que sea) tiene que estar precisamente donde está. Resulta, de hecho, bastante claro que, a pesar de toda su psicología, estos críticos jamás han reparado en un impulso concreto: el impulso plástico, el impulso de hacer una cosa, de darle forma, unidad, relieve, contraste, estructura. Pero este, por desgracia, es el impulso que por encima de todo motivó la escritura de la obra en cuestión. Es evidente que esos críticos no sienten este impulso y, naturalmente, no lo sospechan en los demás. Al parecer, imaginan que escribir un libro es para el autor como soltar un suspiro o una lágrima o como la escritura automática. Bien podría ser que en todo libro hubiera una gran parte que se origina en el subconsciente, pero, cuando se trata de uno de tus libros, también conoces los motivos conscientes. Puedes equivocarte al pensar que explican por completo este o aquel otro elemento, pero te resulta difícil creer las explicaciones que del fondo marino ofrecen aquellos que no aciertan a ver los objetos que flotan en la superficie. Podrían tener razón, pero solo por casualidad. También yo, si intentase un diagnóstico similar sobre los muertos, podría acertar, aunque solo fuera por casualidad.

Lo cierto es que una gran parte de lo que proviene del subconsciente y por esa misma razón nos parece tan atractivo e importante en las primeras etapas de la planificación de un libro es expurgado y queda descartado mucho antes de que la obra esté terminada. De igual modo, los demás solo nos cuentan (siempre que no sean personas aburridas) los sueños que son divertidos o interesantes según los criterios de la mente cuando estamos despiertos.

3. Llego ahora a la historia ficticia de la composición de un libro, pero de una forma mucho más sutil. Creo que en esto los críticos, y por supuesto nosotros cuando hacemos critica, se engañan o confunden con respecto a lo que de verdad están haciendo. Es posible que el engaño resida en las propias palabras. Usted y yo podríamos condenar un pasaje de un libro porque es «forzado». ¿Queremos decir con esto que suena forzado? ¿O estamos avanzando la teoría de que al autor le costó gran esfuerzo escribirlo? ¿O hay veces en que no estamos seguros de lo que queremos decir? Si queremos decir lo segundo, advierta el lector que ya no estamos haciendo critica. En lugar de señalar los defectos de ese pasaje, estamos inventando una historia para explicar, de un modo causal, de dónde provienen tales defectos. Y, si no tenemos cuidado, podemos completar nuestra historia y transmitirla como si hubiéramos hecho todo lo necesario, sin advertir que ni siquiera hemos llegado a

mencionar los defectos en cuestión. Explicamos algo en
virtud de sus causas sin siquiera decir qué es. Podemos
incurrir en lo mismo cuando pensamos que lo que hacemos es elogiar al autor. Podemos decir que un pasaje es
espontáneo y fluido. ¿Queremos decir que suena como
si lo fuera, o que realmente fue escrito sin esfuerzo y *cu-
rrente calamo*? Pero sea lo que sea lo que queremos decir,
¿no sería en cambio más interesante y estaría más dentro de la órbita del crítico señalar los méritos del pasaje
que hacen que deseemos elogiarlo?

El problema es que ciertos términos críticos —«inspirado», «superficial», «puntilloso», «convencional»—
insinúan una historia de la composición imaginaria. El
vicio crítico del que hablo consiste en ceder a la tentación ficticia y en lugar de decirnos lo que hay de malo y
de bueno en un libro, inventar historias sobre el proceso
que condujo a lo que de bueno o de malo pueda tener.
¿O acaso se dejan confundir por el doble sentido de las
palabras «por qué»? Porque, por supuesto, la pregunta
«¿Por qué es malo?» puede significar dos cosas: a) ¿Qué
quiere decir cuando dice que es malo? ¿En qué consiste
su falta de calidad? Denme la Causa Formal; o b) ¿Por
qué ha llegado a ser tan malo? ¿Por qué está tan mal escrito? Dame la «causa eficiente». A mi juicio, la primera
es la pregunta esencial de un crítico. Los críticos en que
estoy pensando responden a la segunda, normalmente
mal, y por desgracia consideran su respuesta un susti-
tuto de la respuesta a la primera.

Por eso, cuando un crítico dice de un pasaje que es «un
añadido» tiene tantas posibilidades de acertar como de
equivocarse. Puede tener mucha razón al pensar que es
malo y, presumiblemente, le parecerá que ha vislum-
brado el tipo de defectos que cabe esperar de un añadido

de última hora. Pero ¿no sería mucho mejor exponer lo que está mal en lugar de elaborar hipótesis sobre su origen? Ciertamente, esto es lo único que haría que el crítico le fuera útil al autor. Yo, en tanto que autor, puedo saber que el pasaje que consideran un añadido fue, en realidad, la semilla de la que creció el libro entero. Me encantaría que me dijeran qué incoherencia o irrelevancia o monotonía hace que parezca un añadido. Eso me ayudaría a evitar los mismos errores la próxima vez. Saber lo que el crítico imagina, erróneamente, sobre la historia del pasaje en cuestión no me sirve de nada. Tampoco les sirve de mucho a los lectores. Tienen todo el derecho a que les digan qué defectos tiene mi libro, pero el que pueda tener ese pasaje, que nada tiene que ver con una hipótesis (rotundamente afirmada como hecho) sobre su origen, es precisamente lo que no le dicen.

Ahora voy a detenerme en un ejemplo que es especialmente revelador porque estoy seguro de que la valoración del crítico era correcta. Al reseñar uno de mis libros de ensayos, un crítico afirmó que uno de ellos estaba escrito sin convicción, que era rutinario y que yo no había puesto el corazón en él, o algo parecido. Sin embargo, en esto último se equivocaba por completo. De todos los artículos del libro, aquel era el que más apreciaba y el que escribí con más ardor.[1] Pero el crítico acertaba al pensar que era el peor. Todo el mundo coincide con él en este punto. Yo estoy de acuerdo con él. Pero, como puede advertirse, ni los lectores ni yo aprendemos nada nuevo de los defectos de aquel artículo al leer la reseña. Este crítico es como un médico que no diera un diagnóstico ni prescribiera una cura, sino que se limitara a decir

---

1. Lewis, estoy seguro, se refiere al artículo dedicado a William Morris en *Selected Literary Essays* (1969).

cómo contrajo el paciente la enfermedad (que sigue sin especificar), y además equivocándose, porque describiría escenas y acontecimientos sobre los cuales no tiene pruebas. Los amantes padres le preguntan: «¿Qué es, doctor, escarlatina, sarampión o varicela?». Y el médico contesta: «Eso depende de si ha contraído la enfermedad en uno de esos trenes que van tan llenos». (En realidad, hace tiempo que el paciente no viaja en tren). A continuación los padres vuelven a preguntar: «Pero ¿qué tenemos qué hacer? ¿Qué tratamiento debemos seguir?». Y el médico responde: «Pueden estar seguros de que es una enfermedad contagiosa», tras lo cual, sube a su auto y se marcha.

Advirtamos aquí la total indiferencia por la concepción de la escritura como técnica, la asunción de que el estado psicológico del escritor siempre se refleja sin obstáculos ni disfraces en el producto final. ¿Cómo es posible que no sepan que en la escritura, como en la carpintería, o en el tenis, o en la oración, o en el sexo, o en la cocina, o en la administración o en cualquier otra cosa, conviven la técnica y también esos altibajos temporales de destreza que un hombre describe diciendo que «está en buena o mala forma», que tiene la mano «inspirada» o no, o que tiene un día bueno o malo?

Esta es la lección, aunque ponerla en práctica resulte muy difícil. Es necesaria una gran perseverancia para obligarse, cuando uno ejerce la crítica, a concentrarse sobre el producto que tiene ante sí en lugar de escribir ficción sobre la psicología del autor o sus métodos de trabajo, a los cuales uno, como es lógico, no tiene acceso. «Sincero», por ejemplo, es una palabra que deberíamos evitar. La verdadera pregunta es qué hace que algo *suene* sincero o no. Cualquiera que haya censurado cartas en el Ejército sabe que las personas semiinstruidas, aunque en realidad no son menos sinceras que las demás, raras veces *suenan* sinceras cuando se dirigen a otros por escrito. De hecho, todos sabemos por nuestra experiencia con la redacción de cartas de condolencia que las ocasiones en que más conmovidos estamos no son necesariamente aquellas en que nuestras cartas más lo reflejan. Es posible que otros días en que sentimos mucho menos, nuestras cartas sean mucho más convincentes. Y, por supuesto, el peligro de error es en proporción mayor conforme menor sea nuestra experiencia en el género que criticamos. Cuando criticamos un tipo de obra que jamás hemos abordado previamente, debemos darnos cuenta de que no sabemos cómo se escriben las obras de ese tipo, qué dificultades o facilidades ofrecen y en qué errores concretos se puede incurrir. Muchos críticos tienen una idea muy clara de cómo procederían si intentasen escribir el tipo de libro que tú has escrito y presuponen que has seguido su mismo procedimiento. Con ello suelen revelar, de manera inconsciente, por qué nunca han escrito un libro de ese tipo.

En absoluto quiero decir que no deberíamos criticar una obra de un género que previamente no hayamos abordado. Al contrario, no debemos hacer otra cosa que criticarla. Podemos analizarla y sopesar sus defectos y virtudes. Lo que no debemos hacer es escribir historias imaginarias. Sé que la cerveza que sirven en los bares de las estaciones es mala y hasta cierto punto podría decir *por qué* en uno de los sentidos del término (esto es, podría dar la Causa Formal): está tibia, agria y turbia, y es floja. Pero para decir *por qué* en el otro sentido (la «causa eficiente»), tendría que ser cervecero o propietario de un bar o ambas cosas y saber cómo se fabrica, se almacena y se sirve la cerveza.

Con mucho gusto sería menos austero de lo necesario. Debo admitir que las palabras que parecen insinuar, en un sentido literal, una historia de la composición pueden utilizarse algunas veces como meros indicativos elípticos del carácter de la obra. Quizás cuando alguien dice que algo parece «forzado» o «sin esfuerzo» no esté diciendo que sabe cómo fue escrito, sino tan solo indicando en una especie de taquigrafía un rasgo que, supone, todos reconocen. Quizá el destierro de nuestra crítica de todos los términos de este tipo sea un ideal imposible, pero cada vez estoy más convencido de sus peligros. Si hemos de utilizarlos, hagámoslo con extrema cautela. Tenemos que dejar claro ante nosotros mismos y ante nuestros lectores que no sabemos y no pretendemos saber de qué forma ha sido escrito un libro. Y, aunque lo supiéramos, no es esto lo relevante. Lo que suena forzado no habría sido mejor si hubiera sido escrito sin ningún esfuerzo, lo que suena inspirado no sería peor si hubiera sido compuesto trabajosamente, *invita Minerva*.

Y ahora me concentro en la interpretación. Por supuesto, en este tema todos los críticos, y nosotros entre ellos, cometemos errores. Estos errores son mucho más veniales que los que ya hemos descrito, y es que no son gratuitos. Los anteriores surgen cuando el crítico escribe ficción en lugar de critica; estos, en el cumplimiento de sus funciones. Al menos yo entiendo que los críticos deben interpretar, tratar de averiguar el significado o la intención de un libro. Cuando fracasan, el fallo debe achacárseles a ellos o al autor o a ambos.

He dicho «significado» o «intención» muy vagamente. Tendríamos que darles a estos términos un sentido más preciso. Es el autor quien *intenta* y el libro el que *significa*. De la materialización de las intenciones del autor depende, a sus ojos, el éxito del libro. Si todos los lectores o la mayoría, o aquellos que él más desea que lo hagan, se ríen con un pasaje determinado y él queda complacido con esta reacción, entonces es que tenía una intención cómica o intentaba ser cómico. Si esa misma reacción le decepciona y le humilla, es que intentaba ser grave o su intención era seria. «Significado» es un término mucho más difícil, aunque resulta más sencillo cuando se emplea con respecto a una obra alegórica. En el *Romance de la rosa* cortar la rosa significa gozar de la heroína. También es bastante fácil cuando se utiliza en una obra con un «mensaje» consciente y nítido. *Tiempos difíciles* quiere significar, entre otras cosas, que la educación elemental que ofrece el Estado es absurda; *Macbeth*, que tu pecado te encontrará; *Waverley*, que la soledad y dejarse llevar por la imaginación, cuando se es joven, convierten a un hombre en presa fácil de aquellos que desean explotarle; la *Eneida*, que la *res romana* tiene derecho a exigir el sacrificio de la felicidad individual. Pero estamos ya en aguas profundas, porque, naturalmente, todos estos libros significan mucho más. ¿Y de qué hablamos cuando hablamos, como en efecto hacemos, del «significado» de *Noche de Reyes*, *Cumbres borrascosas* o *Los hermanos Karamázov*? ¿Y especialmente cuando disentimos y discutimos, como en efecto hacemos, sobre su significado verdadero o auténtico? Lo más cerca que yo he estado de una definición es algo como esto: el significado de un libro es la serie o conjunto de emociones, reflexiones y actitudes que suscita su lectura. No obstante, es evidente que esa serie o conjunto es distinta para cada lector. El «significado» idealmente falso o erróneo de un libro sería entonces la serie de emociones, reflexiones y actitudes que suscita en el más estúpido y prejuicioso y menos sensible de los lectores tras una única y desatenta lectura. El «significado» idealmente cierto o acertado sería el que comparte (hasta cierto punto) el mayor número de lectores ideales de varias generaciones, nacionalidades, humores, grados de atención, preocupaciones íntimas, estados de salud, ánimo, etcétera, tras varias y cuidadosas lecturas que llegan a neutralizarse unas a otras cuando (y esta es una reserva importante) no pueden fusionarse para enriquecerse entre sí. (Esto ocurre cuando nuestras lecturas de una obra en épocas muy distintas de nuestra vida, influidas por las lecturas que inciden sobre nosotros indirectamente a través de los comentarios de los críticos, modifican para mejorarla nuestra lectura presente). En cuanto al número de generaciones, debemos ponerle un límite. Sirven para enriquecer la percepción del significado únicamente mientras la tradición cultural no se pierda. Puede producirse una ruptura o un cambio tras los cuales surjan lectores con puntos de vista tan distintos que bien podrían estar interpretando otra obra. Valgan de ejemplo las lecturas medievales de la *Eneida* como alegoría y de Ovidio como moralista, o las lecturas modernas de *El parlamento de las aves*, que convierten al pato y al ganso en sus protagonistas. Al igual que los médicos se esfuerzan por prolongar la vida por mucho que sepan que no pueden lograr la inmortalidad de los hombres, retrasar estas interpretaciones, que no podemos desterrar para siempre, es una de las funciones más importantes de la investigación académica, en esto distinta de la crítica pura.

En este sentido, el autor de una obra no tiene por qué ser necesariamente el mejor juez de su significado:

desde luego, nunca es el juez perfecto. Normalmente, una de sus intenciones es que la obra tenga cierto significado, pero no puede estar seguro de que lo tenga. Ni siquiera puede estar seguro de que el significado que pretendía darle sea en todos los sentidos, o siquiera en alguno, mejor que el significado que le dan los lectores. Aquí, por tanto, el crítico tiene gran libertad para disentir del autor, sin miedo a las contradicciones, por mucho que el autor posea mayores conocimientos sobre su obra.

Donde a mi juicio se equivoca más a menudo es en la apresurada asunción de un sentido alegórico; y si los críticos cometen este error al juzgar obras contemporáneas, los estudiosos, al menos en mi opinión, lo cometen al ocuparse de obras antiguas. A ambos les recomendaría los siguientes principios y yo procuraré observarlos en mi propia labor crítica. Primero, que no hay historia elaborada por un hombre con ingenio que otro hombre con ingenio no pueda interpretar desde un punto de vista alegórico. Las interpretaciones estoicas de la mitología primitiva, las interpretaciones cristianas del Antiguo Testamento, las interpretaciones medievales de los clásicos, son prueba de ello. Por tanto, y segundo, el mero hecho de que una obra se *pueda* alegorizar no demuestra que sea una alegoría. Por supuesto que se puede alegorizar, cualquier cosa se puede alegorizar. En el arte o en la vida real. Creo que en esto deberíamos seguir el ejemplo de los abogados. Ningún hombre es llevado a juicio hasta que no se ha establecido un caso *prima facie* contra él. No deberíamos proceder a alegorizar ninguna obra hasta que no hayamos expuesto claramente qué razones hay para considerarla una alegoría.

[Según parece, Lewis no finalizó este artículo, porque al pie del manuscrito hay anotadas las siguientes palabras:

«En lo que se refiere a otras atribuciones de intenciones»

«Las propias preocupaciones»

«*Quellenforschung, Achtung** fechas»].

---

* «Buscar las fuentes. Atención»; en alemán en el original.

Territorios irreales

LA SIGUIENTE CONVERSACIÓN entre el profesor Lewis, Kingsley Amis y Brian Aldiss fue grabada en las dependencias del profesor Lewis en el Magdalene College, poco antes de que su enfermedad le obligara a retirarse. Tras servir las bebidas, comienza la charla:

ALDISS: Los tres tenemos en común que hemos publicado algunos relatos en *Magazine of Fantasy and Science Fiction*. Varios de estos relatos transcurren en lugares remotos. Supongo que todos estaremos de acuerdo en que uno de los atractivos de la ciencia ficción es que nos lleva a lugares desconocidos.

AMIS: Si Swift escribiera hoy, tendría que llevarnos a otros planetas, ¿verdad? La mayoría de nuestra *terra incognita* se ha convertido en... terreno urbanizable.

ALDISS: Gran parte de la literatura del siglo XVIII equivalente a la ciencia ficción sitúa la acción en Australia o en territorios irreales parecidos.

LEWIS: Exacto: Peter Wilkins y todos esos. A propósito, ¿alguien va a traducir alguna vez el *Somnium* de Kepler?

AMIS: Groff Conklin me dijo que lo había leído; supongo que hay que traducirlo. Pero ¿podemos hablar de los mundos que creó usted? ¿Escogió la ciencia ficción porque quería ir a otros lugares extraños? Recuerdo con una admiración llena de respeto y diversión su descripción del paseo espacial en *Más allá del planeta silencioso*. Cuando Ransom sube con su amigo a la nave espacial, le pregunta: «¿Cómo funciona la nave?»; y el otro le responde: «Aprovechando algunas de las propiedades menos conocidas de...» ¿de qué era?

LEWIS: De la radiación solar. A Ransom le responden con palabras que no tienen ningún significado para él, que es lo que un profano consigue cuando pide una explicación científica. Evidentemente, todo con bastante vaguedad, porque yo no soy científico y no me interesan los aspectos puramente técnicos.

ALDISS: Casi ha pasado un cuarto de siglo desde que usted escribió esa novela, la primera de su trilogía.

LEWIS: ¿He sido un profeta?

ALDISS: Hasta cierto punto, sí. Por lo menos, esa idea de que haya naves propulsadas por radiación solar vuelve a estar de moda. Cordwiner Smith la usó poéticamente, James Blish trató de utilizarla técnicamente en *The Star Dwellers*.

LEWIS: En mi caso era pura palabrería, y quizá su principal objetivo era convencerme a mí.

AMIS: Evidentemente, cuando alguien emplea planetas aislados o islas solitarias lo hace con cierto propósito. Situar la narración en el Londres actual o en un Londres del futuro no puede proporcionar el mismo aislamiento ni agudización de conciencia.

LEWIS: El punto de partida de la segunda novela, *Perelandra*, fue mi imagen mental de las islas flotantes. En cierto sentido, el resto de mi trabajo consistió en construir un mundo en el que esas islas tuvieran cabida. Y luego, por supuesto, desarrollar la historia de la Caída evitada. Como saben, si sitúas a tus personajes en un país tan emocionante, tiene que ocurrir algo.

AMIS: Lo que con frecuencia exige un gran esfuerzo de los personajes.

ALDISS: Me sorprende que lo explique de este modo. Yo creía que había ideado *Perelandra* con propósitos didácticos.

LEWIS: Sí, todo el mundo lo cree, pero se equivocan.

AMIS: Si puedo decir una palabra en favor del profesor Lewis... Por supuesto que hay un propósito didáctico, se dicen muchas cosas interesantes y profundas, pero —corríjame si me equivoco— yo diría que la simple sensación de asombro, de que suceden cosas extraordinarias, es la fuerza motriz de la creación.

LEWIS: Exactamente, pero tenía que pasar algo. La historia de la Caída evitada surgió muy a propósito. Por supuesto, la historia no habría sido esa, en particular, si yo no hubiera estado interesado precisamente en esas ideas por otros motivos. Pero no empecé por ahí. Nunca empiezo por el mensaje ni por la moraleja, ¿y ustedes?

ALDISS: No, nunca. Te interesas por la situación.

LEWIS: Es la misma historia la que debe imponerte su moraleja. Averiguas la moraleja cuando escribes la historia.

AMIS: Exacto. Y creo que esto es así en todo tipo de literatura de ficción.

ALDISS: Sin embargo, mucha ciencia ficción se ha escrito desde el otro punto de vista. Esos horribles dramas sociológicos que se publican de vez en cuando empiezan con un propósito didáctico, demostrar una idea preconcebida, y no van más allá.

LEWIS: Supongo que Gulliver empezó desde un punto de vista muy definido. ¿O lo hizo porque quería escribir sobre hombres gigantes o enanos?

AMIS: Posiblemente por ambas cosas. También la parodia que Fielding quiere hacer de Richardson acaba convirtiéndose en *Joseph Andrews*. Mucha ciencia ficción pierde la fuerza que podría tener cuando se dice: «Bueno, estamos en Marte, todos sabemos cómo es este lugar, vivimos en cúpulas presurizadas o algo así, y la vida es más o menos como en la Tierra, excepto que hay diferencias climáticas». Dan por buenas las invenciones de otros, en lugar de forjar las suyas.

LEWIS: Solo el primer viaje a un nuevo planeta tiene interés para las personas con imaginación.

AMIS: En sus lecturas del género, ¿ha encontrado alguna vez algún autor que haya hecho esto como es debido?

LEWIS: Bueno, uno que a ustedes probablemente no les parecerá bien porque es muy acientífico. Se trata de David Lindsay, en su *Viaje a Arcturus*. Es muy interesante, porque desde un punto de vista científico es absurdo, el estilo es horrible y, sin embargo, consigue que su espantosa visión nos llegue.

ALDISS: A mí no me llegó.

AMIS: Ni a mí. No obstante… Victor Gollancz me contó que una vez Lindsay hizo un comentario muy interesante sobre *Arcturus*; dijo: «Nunca gustaré a un gran público, pero creo que mientras nuestra civilización perviva, cada año habrá al menos una persona que me lea». Respeto esa actitud.

LEWIS: Por supuesto. Humilde y apropiada. También estoy de acuerdo con algo que dijo usted en un prefacio, creo que era que alguna ciencia ficción aborda con acierto temas mucho más serios que los de la novela realista; problemas reales sobre el destino del hombre y otros parecidos. ¿Recuerdan aquel relato sobre un hombre que conoce a un monstruo hembra que ha llegado de otro planeta con todos sus cachorros? El monstruo y los cachorros se mueren de hambre, de modo que el hombre les ofrece todo tipo de cosas de comer, pero ellos las vomitan al instante. Hasta que uno de los pequeños se lanza sobre él, empieza a chuparle la sangre y, de inmediato, comienza a revivir. La hembra no tiene ni un solo rasgo humano, es horrible. Mira al hombre mucho rato —están en un lugar completamente desierto— y, acto seguido y con enorme tristeza, recoge a sus pequeños, regresa a la nave espacial y se marcha. Francamente, es imposible encontrar tema más serio. ¿Qué es la insignificante historia de una pareja de amantes humanos comparada con eso?

AMIS: Pero hay un lado negativo, y es que las personas que abordan estos temas importantes y maravillosos suelen tener la preparación mental, moral o estilística suficientes. La lectura más reciente de la ciencia ficción demuestra que los escritores son cada vez más capaces de abordarlos. ¿Ha leído *Cántico a San Leibowitz*, de Walter Miller? ¿Qué puede comentarnos sobre ella?

LEWIS: Me pareció muy buena. Aunque solo la he leído una vez y no suelo opinar sobre si un libro es bueno o no hasta que lo he leído dos o tres veces. Voy a leerlo de nuevo. Es una obra importante, no hay duda.

AMIS: ¿Qué le parece su tono, su espíritu religioso?

LEWIS: Está muy bien traído. Tiene pasajes que uno podría discutir, pero en conjunto está bien concebida y bien ejecutada.

AMIS: ¿Conoce *Un caso de conciencia*, de James Blish? ¿Está de acuerdo en que la ciencia ficción es la salida más natural para escribir una novela religiosa, sin los matices de la práctica eclesiástica ni los abrumadores detalles de la historia y demás?

LEWIS: Si tienes una religión, que sea cósmica; por eso me parece extraño que el género haya tardado tanto en surgir.

ALDISS: Ha tardado mucho en llamar la atención de la crítica. Las revistas llevan publicándose desde 1926, aunque al principio apelaban sobre todo a los aspectos científicos. Como dice Amis, empieza a haber gente que, además de tener ideas muy interesantes desde un punto de vista técnico, sabe escribir.

LEWIS: Deberíamos haber dicho ya que ese es un tipo muy distinto de ciencia ficción, sobre el que no tengo nada que decir. Los escritores verdaderamente interesados por el aspecto técnico del género. Por supuesto, si está bien hecho, es perfectamente legítimo.

AMIS: Lo puramente técnico y lo puramente creativo se solapan, ¿no es verdad?

ALDISS: Ciertamente hay dos corrientes distintas que con frecuencia se solapan, por ejemplo, en los libros de Arthur C. Clarke. La mezcla puede ser muy interesante. Luego está ese tipo de historia que no es teológica, pero que incide en un tema moral. Un ejemplo es ese relato de Robert Sheckley en el que la Tierra estalla por culpa de la radiactividad. Los supervivientes de la especie humana se han desplazado a otro planeta y llevan allí unos mil años; vuelven para reclamar la Tierra y la encuentran llena de criaturas de vistosos caparazones, vegetación, etcétera. Un personaje dice: «La limpiaremos y volverá a ser habitable para el hombre». Pero al final la decisión es: «Destrozamos el planeta cuando era nuestro, será mejor que nos vayamos y se lo dejemos a ellos». Es un relato escrito alrededor de 1949, cuando la mayoría de la gente ni había empezado a pensar en el tema.

LEWIS: Sí. Casi todas las historias anteriores partían de la base de que nosotros, la especie humana, teníamos la razón y todo lo demás eran ogros. Es posible que yo haya contribuido un poco a alterar esa situación, pero el nuevo punto de vista ha calado hondo. Hemos perdido la confianza, por así decirlo.

AMIS: Hoy en día todo es terriblemente autocrítico y autocontemplativo.

LEWIS: Lo cual es, sin duda, un avance enorme, un avance humano. La gente debe pensar así.

AMIS: Los prejuicios de las personas supuestamente cultas contra este tipo de ficción son increíbles. Si abres una revista de ciencia ficción, particularmente *Fantasy and Science Fiction, asombra* la amplitud de intereses a los que se apela y la inteligencia que se pone en juego. Es hora de que mucha más gente caiga en la cuenta. Llevamos mucho tiempo hablándoles del género.

LEWIS: Muy cierto. El mundo de la ficción seria es muy pequeño.

AMIS: Demasiado pequeño si quieres ocuparte de un tema amplio. Por ejemplo, en *The Disappearance*, Philip Wylie quiere tratar de la diferencia entre hombres y mujeres de un modo general, en la sociedad del siglo XX, independientemente de toda consideración regional o temporal; su tesis, según yo la entiendo, es que, despojados de sus roles sociales, hombres y mujeres son prácticamente iguales. La ciencia ficción, que puede abordar un gran cambio de nuestro entorno, es el medio natural para discutir temas así. Fijémonos en cómo William Golding disecciona las miserias humanas en *El señor de las moscas*.

LEWIS: Eso no es ciencia ficción.

AMIS: No estoy de acuerdo. Comienza con una situación característica de la ciencia ficción: la Tercera

Guerra Mundial ha empezado, han caído las bombas y todo eso...

LEWIS: Ah, bueno, usted adopta el punto de vista alemán de que cualquier novela que se desarrolle en el futuro es ciencia ficción. No me parece una definición muy útil.

AMIS: «Ciencia ficción» es una etiqueta demasiado vaga.

LEWIS: Y, por supuesto, gran parte de ella no es *ciencia ficción*. En realidad, no es más que un criterio negativo: todo lo que no sea naturalista, lo que no trate de lo que llamamos «el mundo real».

ALDISS: Yo creo que no deberíamos tratar de definirla, porque en cierto sentido es algo que se define a sí mismo. Sabemos de lo que estamos hablando. Aunque tiene razón sobre *El señor de las moscas*. La atmósfera es de una novela de ciencia ficción.

LEWIS: La isla es muy terrestre; la mejor isla, o casi, para la ficción. El efecto sobre los sentidos del lector es espléndido.

ALDISS: En efecto, pero es un experimento de laboratorio.

AMIS: Se aíslan ciertas características del hombre para ver cómo reacciona...

LEWIS: El único problema es que Golding escribe muy bien. En otra de sus novelas, *Los herederos*, el detalle de cada impresión sensible, la luz sobre las hojas, etcétera, es tan bueno que no consigues averiguar qué está pasando. Yo incluso diría que está demasiado bien escrita. En la vida real solo adviertes esos detalles si tienes mucha fiebre. Las hojas normalmente no te dejan ver el bosque.

ALDISS: Lo mismo sucede en *Martín el atormentado*. Todas sus sensaciones en las rocas, cuando le arrastran las olas, están descritas con una viveza alucinada.

AMIS: Esa es la expresión exacta. Creo que hace treinta años, cuando querías ocuparte de un tema general, escogías la novela histórica; ahora tendrías que recurrir a lo que yo podría describir de una manera prejuiciosa como ciencia ficción. En la ciencia ficción puedes aislar los elementos que quieres examinar. Si quieres escribir sobre el colonialismo, por ejemplo, como ha hecho Poul Anderson, no lo haces escribiendo una novela sobre Ghana o Pakistán...

LEWIS: Lo que te sitúa ante una masa de detalles en la que no quieres entrar...

AMIS: Imaginas un mundo en el espacio e incorporas los elementos que necesitas.

LEWIS: ¿Describirían *Planilandia*, de Abbott, como ciencia ficción? Hace tan pocos esfuerzos por introducir algo de sensualidad... En fin, no puede y se queda en un teorema intelectual. ¿Busca un cenicero? Use la moqueta.

AMIS: En realidad, quería *whisky*.

LEWIS: Oh, sí, adelante, perdone... Pero es probable que la gran obra de ciencia ficción no se haya escrito todavía. Antes de Dante se escribieron algunos libros intrascendentes sobre el más allá, antes de Jane Austen estuvo Fanny Burney, antes de Shakespeare, Marlowe.

AMIS: Estamos en los prolegómenos.

LEWIS: Ojalá se pudiera convencer a los críticos serios de que le prestaran la atención debida...

AMIS: ¿Cree que algún día lo harán?

LEWIS: No, la dinastía actual tiene que morir y pudrirse antes de que se pueda hacer algo más.

ALDISS: ¡Espléndido!

AMIS: En su opinión, ¿qué les retrae?

LEWIS: Matthew Arnold hizo la horrible profecía de que la literatura iría sustituyendo progresivamente a la religión. Lo ha hecho, y ha adquirido todos sus rasgos de persecución amarga, gran intolerancia y tráfico de reliquias. Toda literatura se está convirtiendo en texto sagrado. Un texto sagrado siempre está expuesto a las exégesis más monstruosas; de ahí que tengamos que ver el espectáculo de que un infeliz erudito tome cualquier *divertissement* escrito en el siglo XVII y extraiga de él las ambigüedades y la crítica social más profundas, cosas que, por supuesto, no están en el texto... Es como buscarle tres pies al gato y, además, encontrárselos. [Risas] Va a durar hasta mucho después de que yo muera; es posible que ustedes vean su final, yo no lo veré.

AMIS: ¿Le parece que es una parte tan integral del *establishment* que la gente no puede librarse?

LEWIS: Es una industria, ¿comprende? ¿Sobre qué tratarían las tesis doctorales de todas esas personas si se les privara de ese apoyo?

AMIS: El otro día me ocurrió algo que ejemplifica esta mentalidad. Alguien se refirió al «sospecho, muy fingido entusiasmo del señor Amis por la ciencia ficción».

LEWIS: ¡Es exasperante!

AMIS: No puede gustarte.

LEWIS: Tienes que estar fingiendo que eres un simple o algo así. Es una actitud con la que me encontrado muchas veces... Probablemente hayan alcanzado ustedes esa posición en la que ya se escriben tesis sobre su obra. Yo he recibido una carta de un profesor americano en la que me pregunta: «¿Es verdad que quiere usted decir esto y esto y esto otro?». Un tesinando me había atribuido algunas opiniones que había contradicho explícitamente en el inglés más llano posible. Harían mucho mejor en escribir sobre los muertos, que no pueden responder.

ALDISS: Creo que en Estados Unidos la ciencia ficción tiene una aceptación más responsable.

AMIS: No estoy seguro, ¿sabe, Brian?, porque cuando se publicó allí nuestra antología *Spectrum* I, los críticos nos dispensaron un tratamiento menos amistoso y comprensivo que aquí.

LEWIS: Me sorprende porque, en general, la crítica americana es más amistosa y generosa que la inglesa.

AMIS: En Estados Unidos, la gente se daba palmaditas en la espalda por no comprender lo que queríamos decir.

LEWIS: ¡Ese extraordinario orgullo de verse eximido de tentaciones de las que todavía no estás a la altura! ¡Los eunucos jactándose de su castidad! [Risas].

AMIS: Una de mis teorías favoritas es que los escritores serios que todavía no han nacido o están en el colegio pronto considerarán la ciencia ficción un medio natural para escribir.

LEWIS: A propósito, ¿ha logrado algún autor de ciencia ficción inventar con éxito un tercer sexo? Aparte del tercer sexo que todos conocemos.

AMIS: Clifford Simak situó una de sus obras en un lugar donde había siete sexos.

LEWIS: ¡Qué raros debían de ser los matrimonios felices en un sitio así!

ALDISS: Quizás el esfuerzo mereciese la pena.

LEWIS: Evidentemente, cuando lo conseguían, debía de ser maravilloso. [Risas]

ALDISS: Yo preferiría escribir ciencia ficción a cualquier otra cosa. El peso muerto es mucho menor en la ciencia ficción que en la novela corriente. Tienes la sensación de estar conquistando un territorio nuevo.

AMIS: Hablando como un novelista supuestamente realista, he escrito algo de ciencia ficción y me parece una liberación tremenda.

LEWIS: Bueno, es usted un hombre muy maltratado. Escribió una farsa y todo el mundo pensó que era una denuncia condenatoria de las universidades. Siempre he sentido una gran simpatía por usted. La gente no comprende que una broma es una broma. Todo tiene que ser serio.

AMIS: «Un termómetro de la sociedad».

LEWIS: Algo que pesa mucho sobre los que amamos la ciencia ficción es la horrible sombra de los cómics.

ALDISS: No estoy tan seguro. Titbits Romantic Library no hace mella en el escritor serio.

LEWIS: Es una buena analogía. Ninguna novela rosa conseguirá acabar con la novela de cortejo y amor normal y legítima.

ALDISS: Pudo haber un tiempo en que la ciencia ficción y el cómic se ponían en la misma balanza y parecían deficientes, pero afortunadamente eso sí pertenece al pasado.

AMIS: He visto los cómics que leen mis hijos y no son más que una adaptación vulgar de los temas de que se ocupa la ciencia ficción.

LEWIS: Totalmente inofensivos, si no le importa. Esa cháchara sobre el peligro moral de los cómics es una completa majadería. La verdadera objeción tiene que hacerse contra esos horribles dibujos. Sin embargo, verá que el mismo chico que los compra lee también a Shakespeare o a Spenser. Los niños son terriblemente católicos. Esa es mi experiencia con mis hijos adoptivos.

ALDISS: Catalogarlo todo es una costumbre muy inglesa: si lees a Shakespeare, no puedes leer cómics; si lees ciencia ficción, no puedes hacerlo en serio.

AMIS: Eso es lo que me molesta.

LEWIS: ¿No debería la palabra «serio» llevar pegada una prohibición? «Serio» debería significar sencillamente lo opuesto a cómico, mientras que ahora significa «bueno» o «literatura» con mayúsculas.

ALDISS: No puedes ser serio si no eres grave.

LEWIS: Leavis exige gravedad moral; yo prefiero la moral a secas.

AMIS: Lo suscribo punto por punto.

LEWIS: Quiero decir que antes viviría entre personas que no hacen trampas a las cartas que entre aquellos que hablan con mucha gravedad de no hacer trampas a las cartas. [Risas].

AMIS: ¿Más *whisky*?

LEWIS: Para mí no, gracias, pero sírvase usted. [Ruido de líquidos].

AMIS: Creo que habría que dejar todo esto, ¿sabe? Los comentarios sobre las bebidas.

LEWIS: No veo por qué no podemos tomar una copa. Escuche, usted me había pedido prestado *Planilandia*, de Abbott, ¿verdad? Me temo que tengo que irme a cenar. [Entrega *Planilandia* a Kingsley Amis]. El manuscrito original de la *Ilíada* no podría ser de más valor. Solo el impío toma lo prestado y no lo devuelve.

AMIS [Leyendo]: Por A. Square.

LEWIS: Claro, pero entonces la palabra *square* no tenía el mismo sentido.*

---

* Originalmente, Edwin A. Abbott publicó su novela (1888) bajo el pseudónimo de A. Square, que es lo que Kingsley Amis lee cuando Lewis le entrega el ejemplar de *Planilandia*. De viva voz, sin embargo, «By A. Square» puede entenderse como «by a square», es decir, «por un simple», que es el sentido del término al que alude Lewis.

AIDISS: Es como ese poema de Francis Thompson que termina: «Me entregó tres obsequios, un libro, una palabra de su sabrosa boca y una dulce fruta silvestre»; aquí también ha cambiado el significado. En época de Thompson, todavía era una fruta. [Risas].

LEWIS: O esa deliciosa anécdota del obispo de Éxeter cuando fue a entregar unos premios en un colegio femenino. Las alumnas representaron *El sueño de una noche de verano*, y el pobre hombre se puso en pie después de la función para pronunciar un discurso y dijo [con voz aguda]: «He seguido con mucho interés su maravillosa representación y entre otras cosas me ha resultado muy interesante ver, por primera vez en mi vida, un Bottom* femenino». [Carcajadas]

---

* *Bottom*, además de ser el nombre de uno de los personajes de *El sueño de una noche de verano*, significa «trasero».

ACERCA DEL AUTOR

CLIVE STAPLES LEWIS (1898–1963) fue uno de los intelectuales más importantes del siglo veinte y podría decirse que fue el escritor cristiano más influyente de su tiempo.

Fue profesor particular de literatura inglesa y miembro de la junta de gobierno en la Universidad de Oxford hasta 1954, cuando fue nombrado profesor de literatura medieval y renacentista en la Universidad de Cambridge, cargo que desempeñó hasta que se jubiló. Sus contribuciones a la crítica literaria, literatura infantil, literatura fantástica y teología popular le trajeron fama y aclamación a nivel internacional.

C. S. Lewis escribió más de treinta libros, lo cual le permitió alcanzar una enorme audiencia, y sus obras aún atraen a miles de nuevos lectores cada año. Sus más distinguidas y populares obras incluyen *Las crónicas de Narnia*, *Los cuatro amores*, *Cartas del diablo a su sobrino* y *Mero cristianismo*.

¿HAS LEÍDO ALGO BRILLANTE Y QUIERES CONTÁRSELO AL MUNDO?

Ayuda a otros lectores a encontrar este libro:

- Publica una reseña en nuestra página de Facebook @GrupoNelson

- Publica una foto en tu cuenta de redes sociales y comparte por qué te agradó.

- Manda un mensaje a un amigo a quien también le gustaría, o mejor, regálale una copia.

¡Déjanos una reseña si te gustó el libro! ¡Es una buena manera de ayudar a los autores y de mostrar tu aprecio!

Visítanos en
GrupoNelson.com
y síguenos en
nuestras redes sociales.